会計基準論

確定決算基準主義と
　国際会計基準の要請

浦野 晴夫 著

はしがき

　わが国の企業会計原則は,「株主総会提出のため,信用目的のため,租税目的のため等種々の目的のために異なる形式の財務諸表を作成する必要がある場合,それらの内容は,信頼しうる会計記録に基づいて作成されたものであって,政策の考慮のために事実の真実な表示をゆがめてはならない」(一般原則・七)としているが,この「単一性の原則」に応えて法人税法は確定決算基準主義を規定している。ちなみに,商法は「取引その他営業上の財産に影響を及ぼす事項」を整然かつ明瞭に記載した会計帳簿を前提に,「公正ナル会計慣行」を斟酌して財務諸表を作成することを要請しているが(商32②),その公正な会計慣行とは,費用収益対応の原則に則った取得原価主義に基づく「損益法(=費用収益アプローチ)」であった。なお,今日では,同一ないし類似した会計事象に対し複数の会計処理基準が認められている場合には「一つの会計処理を除き他の全部を除去する」(E32・18項)等の財務諸表の比較可能性の確保も重要で,これからの「公正な会計慣行」の形成には選択肢の抑制も必要になると考えられる。ちなみに,国際会計基準(IAS)に基づいて作成される財務諸表の目的には,企業活動の規制や課税政策の決定,国民所得統計等の作成,影響する公衆への情報の提供なども挙げられている(F・前書,F・9項(f)及び(g))。

　しかし,IASは,「費用収益対応概念の適用は,貸借対照表上,資産または負債の定義を満たさない項目の認識を許さない」(1997年改訂IAS 1・26項)とし,負債を「過去の事象から発生する現在の義務」(F・49(b))と定義して負債の発生から費用を導き出す。しかし,支払義務の発生という点からは収益から控除される支払義務と稼得された利益から国庫に上納(=分配)される支払義務との区別は消滅して法人税等の支払義務の発生もいわば同質の費用となり,収益とは無関係な損失や再投資に近い支払義務の発生も引当金とされ

る可能性も出てくる。しかし，損益法が「損益発生の原因計算」であるのに対し，財産法は期首と期末の純財産高を比較してその増減額を純損益とする「損益の存在計算」（太田哲三『新稿・会計学』，第13章）であるから，負債の側から費用を求めると，「存在計算」（結果）の方から「原因計算」に遡る点で，その「原因」の性格の究明が二義的になる可能性が残り，わが国の例で言えば，公の責任で支払われるべき厚生年金（の代行部分）の支払義務も未払給与として年金費用の発生とされてくる。しかし，未払給与とされるためには，支払義務という面からよりも，それが企業の支払う給与として妥当であるかどうかという吟味がまず必要なはずである。

　また，減価償却費（原因）は計上しても支払いはないが，キャッシュフロー（結果）の方から減価償却に遡ると再評価による時価償却にも道を開いて主観性が強まるし，いわんやその割引現在価値（期待収益）から減価償却に遡るとなると，期待収益は不確定で曖昧な投資心理によっても左右されるため，情報としての価値も弱まる。そして，固定資産がキャッシュを「生む」（その実体は投下資本の「回収」）とする考えから固定資産が「所得を生む」（ＦＲＳ11・27〜31項）と観念するようになると，人間労働という付加価値の源泉が見失われてくる。ちなみに，アダム・スミスは貨幣（キャッシュ・インフロー）への欲望に代えて「すべての国民の年々の労働があらゆる生活必需品と便益品を供給する資源（ファンド）」（国富論）とし，ナショナル・エコノミー（一国経済）を素通りした重商主義という最初のグローバル・エコノミーに対峙したが，この対峙は，ケインズが，「浮遊する（フライング）国際資本が世界を自由に駆け巡るこのグローバリズムの時代にはむしろ適度な経済的孤立主義こそが重要なのだ」とし，大失業の基本原因を労働市場の機能不全にではなく「一国全体の需要（有効需要）の不足」に求めたその処方箋に通じるという（佐伯啓思『ケインズの予言』，ＰＨＰ新書，1999年）。この議論は，1999年に完全失業者数が317万人（このうち，リストラなどによる非自発的離職者102万人）に達し，同年の完全失業率が米国（4.2％）を上回り統計を取り始めた1953年以降最悪の4.7％を記録したわが国にとって，容易には国境を越えられない労働力に対

し，伝統的な産業や文化を支えている中高年齢層にまで情報通信産業等への転職を促す労働力需給ミス・マッチ論よりは，ナショナル・エコノミーを前提に，年金や医療等の充実によって将来不安を解消し，有効需要の喚起を図る方が優先することを教えてくれる。

「1997年7月，アジア各国に投資されていた短期資金が流出し，それまでドルにリンクして固定的な為替水準を維持していた各国通貨は一斉に下落し，……短期資金を借りて長期の貸出しをしていたこれらの国々の銀行はたちまち資金に詰まり，不動産価格は大きく下落，不況と失業が国内を襲った」（伊東光晴『「経済政策」はこれでよいか』，岩波書店，1999年，39頁）が，この通貨下落は，大型のヘッジファンド（投機的投資信託）や欧米の大銀行によってその通貨が「売り」を浴びせられたことによるものであった。この場合，通貨取引は通貨トレーダーに「利益」をもたらしたが，それは「重金主義」的な貨幣の取得であって，付加価値とは言えない。それは「富の移転」に止まるキャッシュ・インフローであって，社会に貢献する新たな富の創造ではないからである。ちなみに，グローバル金融市場においては資本の自由な移動から各国の金利や為替レート，株価は密接に関係してくるし，それが実体経済に甚大な影響も及ぼしている。この点で，固定資産の評価にまで割引現価の概念を持ち込むと，その割引率にもグローバル金融市場の影響がおよぶ点で，会計処理の選択肢は逆に拡大してしまう。

ところで，負債の発生がそのままその期の費用になるとは限らない。例えば，法人税の支払義務は事業年度終了の時に発生するが，「法人税は企業努力によって減少しうるような性質のものではなく，管理能率の成果，すなわち経営活動の結果たる純益に対して課せられる」（武田隆二『法人税法精説・平成10年版』，514頁）点からも，その損金（費用）算入は当然に認められない。

また，退職給付債務も，従業員の生み出した付加価値の未払い分に対するものとして，現在の費消価値なのであり，労使交渉によって切り下げられる余地もあって，何十年も先の支払見込額の割引現価は単なる一つの投資情報としての役立ち程度に止まる。しかし，年金についてはドイツやフランス，スウェー

デン等に見られる，公的年金も含めてどの程度在職中の所得を代替するのかという「代替率」の議論があってよいし，また，インフレによる目減りには対応しようのない積立方式だけでよいのかどうか，あるいは積立によるとしても，その投機的な運用をどこまで許容するのかといった議論を素通りするわけにはいかないように思われる。ちなみに，わが国の代表的な企業年金である厚生年金基金は，公的年金（厚生年金）の一部を代行しバブル期に巨額の利差益（これはそのまま厚生年金「本体」の損失である。）を享受しながら，バブル崩壊後の昨今では逆にその利差損に苦しみ，本来の企業年金の積立金まで蝕むようになってきていた。

そこで，本書は，第1部において，企業会計原則が要請し商法や税法が容認した費用収益対応の原則の原点に戻って取得原価主義の根拠を追求し，昨今の時価評価の背景にあると考えられる「過剰設備，過剰雇用，過剰借り入れといった供給構造の改革」（第1回産業競争力会議議事録，平成11年3月29日）等の産業政策的な対応には，期間損益計算の適正化という会計理論の観点からは問題が残ることを指摘し，退職給付会計については，引退後の所得保障に関わっていることから年金制度の在り方にも論及してみた。

ところで，法人税法は，無償の資産譲渡を時価による売却と見なし，同族会社に対しては公平性を実現するために時価に基づいてその行為または計算を否認しているが，このような時価評価やそこで示された「費用と利益処分の峻別」は，企業会計でも考えられてよいように思われる。また，税法は，「確定した決算に従う」とする確定決算基準主義を規定しているが，そこでは，その決算が「公正ナル会計慣行ヲ斟酌」していることを前提としている。そこで，第2部では，わが国の会計制度を特徴づけるいわゆるトライアングル体制について，それが「客観的に明白な証拠能力」を有する日々の取引を記録した帳簿記録をその出発点にしていることから，「桎梏」という面よりはむしろその「積極的な意義」に注目してみた。この体制は，商法や税法が企業会計（基準）審議会の要請を受け入れてきたその帰結でもあるからである。

しかし，会計情報の提供が「確定決算主義」によって抑制されるとする「逆

基準性」論は通説化し、その頂点には連結会計が聳え立ち、「日本の経理・会計を国際的に通用する決算（真の連結決算）にするためには、可及的速やかに連結納税にするべきである」（金児　昭「会計だけの連結では世界に遅れる」『企業会計』、1997年10月臨時増刊、14頁）ともされるようになってきている。

　しかし、連結納税論には子会社の欠損金を利用した節税論が多いのに対し、連結会計では逆に、欠損会社の整理（切り捨て）を要請する性格が強く、連結の根拠とされる親子会社の経済的一体性の認識では、子会社債務の支払義務の「連結」も要請されざるを得ないように思われる。この点で、「支配あるところに責任ありの法原則」を適用した仙台工作事件（仙台地裁昭和45年3月26日判決）の判例は、連結会計で「重荷」になる欠損子会社の存在意義も明らかにしており、グローバル競争下の親子会社の在り方にも重要な意味をもつように思われる。連結納税による「節税」も、親子会社の補完関係から考えられるからである。ちなみに、「切り捨て」とは逆の、親子会社を補完関係から捉える視点は、ナショナル・エコノミーを安定させ、グローバル経済に貢献する企業集団の在り方も示唆しているように思われる。

　ところで、貸借対照表上、資本の概念は、持分（equity）を「すべての負債を除いた残余の資産に対する請求権」（F・49(c)項）と捉える中で拡散し、時価会計をリードする連結会計では子会社の資本概念は消滅し少数株主持分では資本と利益の区別は解消するが、資本と利益の区別は「放置されるべきではない」（新井清光「会計制度上の課題としての『資本』と『利益』の区別」『企業会計』、1996年1月号、19頁）し、利益の資本からの峻別は「費用と利益処分の峻別」も要請しており、確定決算基準主義はその要請に応えてきている。したがって、確定決算基準主義が「逆基準性」の弊害をもたらすという場合には、その弊害が、財務諸表を「企業活動の規制や課税政策の決定、さらには国民所得統計等の基礎として用いる」（前出；F・前書、F・9項(f)及び(g)）場合にも弊害であるのかどうかも考えなければならないであろう。本書は、この観点から確定決算基準主義の意義をまとめてみたものである。

　本書については、税務経理協会書籍編集局の峯村英治氏と岩渕正美氏に大変

お世話になった。ここに，心からお礼を申し上げる。

2000年3月17日

浦野　晴夫

目　次

はしがき

第1部　「公正ナル会計慣行」と昨今の時価会計の要請

序章　視　角 ……………………………………………………… 3

[Ⅰ]　発生主義と費用収益対応の原則 ……………………………… 3
[Ⅱ]　取得原価主義の根拠 …………………………………………… 3
[Ⅲ]　時価主義 ………………………………………………………… 4
[Ⅳ]　わが国における昨今の時価会計 ……………………………… 5
[Ⅴ]　引退後の所得保障を補完する新たな視点の模索 …………… 6

第1章　費用収益対応の原則 ……………………………………… 7

第1節　発生主義と費用収益対応の原則 ……………………………… 7
　§1　費用と損失 …………………………………………………… 7
　§2　減価償却と発生主義会計 …………………………………… 8
　§3　国際会計基準における費用収益対応の概念 ……………… 9
　§4　債務の発生と費用 …………………………………………… 12
第2節　繰延資産会計 …………………………………………………… 14
　§1　企業会計原則上の繰延資産 ………………………………… 14

§2　商法上の繰延資産と法人税法上の取扱い……………………14
- (イ)　創立費（税法・創業費）………………………………15
- (ロ)　開業準備費（税法・開業費）…………………………16
- (ハ)　試験研究費………………………………………………16
- (ニ)　開　発　費………………………………………………17
- (ホ)　新株発行費用……………………………………………17
- (ヘ)　社債発行費用……………………………………………17
- (ト)　社債差額（税法・社債発行差金）……………………18
- (チ)　建　設　利　息…………………………………………18

§3　繰延資産と法人税法……………………………………………19
- (イ)　公共的施設等の負担金…………………………………21
- (ロ)　資産を賃借するための権利金等………………………21
- (ハ)　役務の提供を受けるための権利金等…………………22
- (ニ)　広告宣伝用の資産の贈与による費用…………………22
- (ホ)　その他自己が便益を受けるための費用………………22

§4　繰延資産と確定決算基準主義…………………………………22

第3節　引当金会計……………………………………………………24

§1　企業会計原則上の引当金………………………………………24
§2　商法における引当金の容認……………………………………25
§3　税法上の引当金…………………………………………………25
- (イ)　貸倒引当金………………………………………………26
- (ロ)　返品調整引当金…………………………………………27
- (ハ)　賞与引当金………………………………………………28
- (ニ)　退職給与引当金…………………………………………28
- (ホ)　特別修繕引当金…………………………………………30
- (ヘ)　製品保証等引当金………………………………………30

序　文　3

第2章　取得原価主義会計 ……………………………………33

第1節　棚卸資産会計 ………………………………………33
§1　棚卸資産の意義 ………………………………………33
§2　棚卸資産の取得価額 …………………………………34
§3　棚 卸 評 価 ……………………………………………34
　　［Ⅰ］　原価法（＝原価基準）……………………………35
　　　　⑴　個　別　法 ………………………………………35
　　　　⑵　先入先出法と後入先出法 ………………………35
　　　　⑶　平　均　法 ………………………………………37
　　　　⑷　最終仕入原価法 …………………………………37
　　　　⑸　売価還元法 ………………………………………37
　　［Ⅱ］　低価法（低価基準）………………………………38
　　［Ⅲ］　低価法による場合以外の評価損 …………………39

第2節　固定資産会計 ………………………………………40
§1　固定資産の意義 ………………………………………40
§2　減価償却資産 …………………………………………40
　　⑴　有形減価償却資産 ……………………………………41
　　⑵　無形減価償却資産 ……………………………………41
§3　取得価額に見られる正常性の概念 …………………41
　　⑴　高価買入資産 …………………………………………41
　　⑵　異常な仕損費 …………………………………………41
　　⑶　借入金利子 ……………………………………………41
§4　固定資産の取得価額（その1）……………………42
　　⑴　購入した減価償却資産 ………………………………42
　　⑵　自ら建設等（建設，製作または製造）を行って取得した

|　　|　　減価償却資産……………………………………………………42
　　(3) 合併により受け入れた減価償却資産………………………42
　　(4) 出資により受け入れた減価償却資産………………………42
　　(5) その他の方法（贈与，交換，代物弁済等）で取得した
　　　　減価償却資産……………………………………………………42
　§5　固定資産の取得価額（その2）—資本的支出と修繕費—……44
　§6　減価償却—原価配分………………………………………………44
　　(1) 減価償却の3要素……………………………………………44
　　(2) 残存価額と償却可能限度額ならびに定率法の償却率………45
　　(3) 法定耐用年数の算定方式……………………………………46
　§7　減価償却の方法 ……………………………………………………46
　　(1) 定　額　法……………………………………………………46
　　(2) 定　率　法……………………………………………………47
　　(3) 生産高比例法…………………………………………………48
　　(4) 取　替　法……………………………………………………48

第3章　時価評価と社会保障……………………………………………51

第1節　固定資産の評価 ………………………………………………51
　§1　固定資産の減損 ……………………………………………………51
　§2　減価償却の意義と固定資産の除却費 ……………………………52
　§3　固定資産の割引現在価値 …………………………………………55
　§4　キャッシュ生成単位としての固定資産 …………………………57
　§5　不良債権と過剰設備 ………………………………………………58
第2節　金融資産の評価 ………………………………………………59
　§1　金融商品と時価会計 ………………………………………………59
　§2　特定の現物出資により取得した有価証券の圧縮記帳………60

§3　持合株式の時価評価 ……………………………………………61
第3節　公的年金の役割―厚生年金の代行制度を中心に― …………65
　§1　問題の所在 ……………………………………………………65
　§2　厚生年金の積立金 ……………………………………………68
　§3　厚生年金の賦課方式への移行 ………………………………69
　§4　公的年金の役割 ………………………………………………71
　§5　問題の提起 ……………………………………………………73
第4節　社会保障と企業年金 ……………………………………………77
　§1　公的年金と企業年金 …………………………………………77
　§2　付加価値の源泉 ………………………………………………80
　§3　わが国の企業年金 ……………………………………………81
　§4　退職給付債務の性格 …………………………………………83
　§5　エコマネーによる所得保障の補完 …………………………85

第2部　確定決算基準主義とトライアングル体制

第4章　法人税法と企業会計 ……………………………………………95

第1節　課税所得計算上の時価 …………………………………………95
　§1　課税所得と企業利益 …………………………………………95
　§2　法人税 …………………………………………………………96
　§3　益金と損金 ……………………………………………………96
　§4　損金経理 ………………………………………………………99
　§5　無償資産の譲渡による益金の認識 …………………………100
第2節　費用と利益処分 …………………………………………………102

§1　企業会計上の費用（損失）と利益処分 …………………102
　　§2　税法上の給与 ……………………………………………103
　　§3　寄　付　金 ………………………………………………105
　　§4　交　際　費　等 …………………………………………106
　　§5　利益処分の「費用」化 …………………………………107
　第3節　同族会社とその行為・計算の否認 …………………………108
　　§1　同　族　会　社 …………………………………………108
　　§2　同族会社の留保金課税 …………………………………109
　　§3　同族会社の行為または計算の否認 ……………………109
　第4節　圧　縮　記　帳 ………………………………………………111
　　§1　圧縮記帳の意義 …………………………………………111
　　§2　国庫補助金と工事負担金 ………………………………112
　　§3　保険差益等 ………………………………………………113

第5章　情報会計とトライアングル体制 ……………………117

　第1節　情報会計と公正会計処理基準 ………………………………117
　　§1　情報会計の要請 …………………………………………117
　　§2　わが国の公正処理基準 …………………………………118
　　§3　二つの逆基準性 …………………………………………120
　　§4　情報会計による視座の移動と企業会計の本質 ………121
　　§5　情報会計における現象と本質の混同 …………………123
　　　(1)　資　本　金 ……………………………………………125
　　　(2)　社債の割引現在価値 …………………………………125
　　　(3)　繰延税金債務 …………………………………………125
　　§6　確定決算基準主義の意義 ………………………………128

第2節　連結納税制度と企業会計 …………………………………129
　§1　連結納税制度の根拠 ……………………………………………129
　§2　連結納税の在り方とその対象 …………………………………130
　§3　連結納税と連結財務諸表 ………………………………………131
　§4　連結会計による要請と連結納税による要請……………………134
　§5　企業会計原則と商法・税法 ……………………………………135

索　　引 ……………………………………………………………………139

《凡　例》

本文中の法令や通達，会計諸基準等の引用に際しては以下のように略記した。

法	法人税法
令	法人税法施行令
耐用年数省令	減価償却資産の耐用年数等に関する省令
規	法人税法施行規則
措法	租税特別措置法
基通	法人税基本通達
商	商法
商特	株式会社の監査等に関する商法の特例に関する法律
証法	証券取引法
一般原則	企業会計原則・一般原則
P／L原則	企業会計原則・損益計算書原則
B／S原則	企業会計原則・貸借対照表原則
注解	企業会計原則注解（昭和57年4月20日）
税法調整意見書	税法と企業会計原則との調整に関する意見書（経済安定本部企業会計基準審議会中間報告，昭和27年。
連続意見書	企業会計原則と関係諸法令との調整に関する連続意見書（大蔵省企業会計審議会中間報告）。連続意見書第三は昭和35年。連続意見書第五は昭和37年。
金融商品会計基準	金融商品に係る会計基準（企業会計審議会，平成11年1月22日）
E32	国際会計基準・公開草案第32号（1989年1月1日）
F	財務諸表作成表示の枠組み（国際会計基準委員会，1989年）
FRS11	イギリス財務報告基準第11号（1998年7月）
IAS	国際会計基準

引用例は，次の通りである。

法22①	法人税法第22条第1項
法2・二十六	法人税法第2条第26号
措法66の5②	租税特別措置法第66条の5第2項
基通7－8－1	法人税基本通達第7章第8節の7－8－1
F・22項	財務諸表作成表示の枠組みパラグラフ22
IAS1・26項	国際会計基準第1号パラグラフ26

第1部

「公正ナル会計慣行」と昨今の時価会計の要請

序章 視角

[Ⅰ] 発生主義と費用収益対応の原則

　費用は財貨または用役の費消によって認識され，売上原価は売上高に個別的・直接的に，また販売費や一般管理費は期間費用として間接的に収益に対応して計上され，その対応では，「基準になるのは収益の側であって，費用ではない」[1]。ちなみに，正常な収益力を示すために経常損益計算では製造原価となる減価償却費等は製品が販売されて初めて期間費用となるが，臨時的な損失の場合は，発生主義の原則から発生時点での認識が要請されると考えられる。

　費用収益対応の原則（principle of matching cost with revenue）は，将来の効果（収益）が期待される支出を繰延資産とし，当期の収益に対応する「将来の特定の費用又は損失」を引当金とするように主張してきたと考えられる。そこで，わが国では，商法も税法も，収益との対応に合理性が認められる場合に限って繰延資産や引当金を容認してきたと考えられるのであるが，国際会計基準は，引当金についてはもっぱら債務（弁済の時期や金額の不確実な支払義務）の発生として位置づけ，企業の再構築（リストラクチャリング）が決定された場合の割増解雇費用などは典型的な引当金となっている。しかし，「リストラ」を発表した途端に企業の格付けが上がり財務コストも軽減できる効果も伴うとすれば，それを引当金としてのみ計上するというのは政策的な要請と考えられる。

[Ⅱ] 取得原価主義の根拠

　取得原価主義（または原価主義）とは，資産の価額を取得原価を基礎として

計上する会計基準をいう。原価主義は、客観的に明白な証拠能力（＝検証可能性）があり実行に困難がなく「会計担当者または経営者が財産の管理運営に関する代理人としての受託責任を果たすために（つまり『代理人会計機能』の遂行のために）、また配当可能利益や課税（可能）所得といった分配可能利益を計算するために（つまり『分配可能利益算定機能』遂行のために）有用な評価基準とされており、今日ひろく世界各国において採用され」ている[2]。

しかし、原価主義では物価上昇時にその貸借対照表価額が時価から遊離し（「含み益」の発生）、その費消価値（減価償却費や売上原価等）が過少になり、架空利益が計上される。しかし、それにも拘わらず、原価主義が「貨幣価値が下落する社会において受入れられ、実践されている」のは、「貨幣価値の下落によってもたらされた財産価値の騰貴を隠蔽してこれを原価の枠のなかに包み込み、秘密積立金を形成」[3]するからであると考えられる。

［Ⅲ］ 時 価 主 義

架空利益を除去する視点は時価主義を生み、「アメリカ、イギリス、カナダなどの国で1980年代の前半に棚卸資産・固定資産などの時価やそれに基づく損益の開示が強制的に実施されたことがあったが、いずれも僅か数年後に利用者が少ないなどとの理由で強制開示は取り止め」になっており[4]、時価主義が原価主義に取って代わるというわけにはいかないことを示している。

また、連結財務諸表における子会社の資産・負債の時価評価も、「親会社の視点に立ってパーチャス法の資本連結を考えると、……子会社資産・負債のミックスに対して支払われた親会社の投資原価を個々の資産・負債に配分する手続き」に過ぎず「親会社の視点で見る限り、原価主義の評価である」[5]。ちなみに、連結財務諸表では子会社の資本概念は消滅し少数株主持分も資本と利益の区別は消失するが、資本概念の消滅は企業会計の本質である企業成果（利益）計算という前提に抵触し、そこでは子会社の債務の責任の連結という問題も生じる。とすれば、責任の連結は放棄しながら資本の概念だけ消滅させる「時価評価」は、企業会計の論理を離れた単なる情報でしかなくなってくる。

[Ⅳ]　わが国における昨今の時価会計

　わが国の昨今の時価会計は，バブル経済崩壊後の長期不況と企業の資金調達で直接金融の比重が高まったことを反映して，資産価値の減損に関心を寄せる投資家の要請に応え，いわゆるグローバル競争に対する企業の再構築に備える性格を強めている。そのため，財務諸表作成の前提とされてきた継続企業と発生主義の解釈も内容的に変容し，従来どおりに使用されている損傷のない固定資産に対してまでも市場利率等からの「減損」の兆候も認めて回収可能価額（正味売却価格ないし精算価値等）による再評価を要請する一方，費用の「発生」も，財貨や役務の「費消」に基づくというよりは，「支払義務」の「発生」に重心が移ってきている。しかし，如何に減損損失を多額に計上しても，それは早期回収を図るだけのことであり，その固定資産で生産される製品の市場価値が高まるわけでもない点では，税法上の特別償却を「公正妥当な会計処理」に格上げしたようなことになってくる。

　また，いわゆるグローバル・スタンダードによる企業の再構築がわが国のナショナル・エコノミーにそのまま適合するかどうかにも問題が残る。今日，零細な老後資金も含むわが国の約1,300兆円に及ぶ個人金融資産に焦点を当てた直接金融方式への転換は，大きく値上がりする反面，値下がりする可能性もある株式投資信託等の急成長を促し，「野村アセット・マネージメント投信の2000年2月2日から運用を開始するノムラ日本株戦略ファンドは1月28日までに7,000億円と過去最大の販売で，2月末にかけ日本株販売の投信が相次」ぐなど，超低金利政策による個人資金の誘導は急展開してきている[6]。ちなみに，公社債投信も含む投資資産の純資産残高は1999年末に51兆円強となり，ピークだった1989年末（58兆円強）の9割弱まで回復したという（同上）。回復はしても再びバブルに見舞われその終焉に翻弄されないように祈るが，わが国の現状では，リストラや年金水準の減額等によって将来不安が増大し有効需要がヨリ低下する可能性も考えておかなければならないように思われる。

　ところで，失業も情報通信分野等における雇用拡大によって吸収されるとす

る労働力需給ミス・マッチ論は多少現実から遊離した面もあるし，また，産業構造の転換でもカネの取引にあまり翻弄されないで「製造業，農業，建設業など，『モノづくり』の分野で几帳面な国民性を生か」さなければならないが[7]，その基盤となるべき有効需要の回復にとって，わが国の年金会計が厚生年金基金（企業年金）に代行されている厚生年金の代行部分まで対象としたことは，その回復を遅らせる大変な問題を残してしまったように思われる。

［Ⅴ］ 引退後の所得保障を補完する新たな視点の模索

　企業年金についても公的年金を含めて現役時代の所得をどの程度代替するかという視点も必要と思われるが，積立方式だけでは，「貨幣と『貨幣的なもの』（金融資産）が交換される金融市場に……（老後の所得保障の）命綱を預ける不安定性」[8]がつきまとい，運用益も，通貨取引による他国の犠牲など，他方の損失の上で実現される場合も多い。しかし，グローバル時代を一つのシステムとして捉えると確かに「負担を転嫁すべき外部など存在しない」[9]と考えられる。とすれば，そのような運用益の稼得とは全く無縁でインフレとも無関係な，例えば有給休暇による介護等のボランティア活動などを老後の所得保障に補完的に組み込む等の新たな視点も模索されてよいように思われる。

（注）
1）　中村　忠『新訂・現代会計学』，白桃書房，昭和60年，139頁。
2）　新井清光『新版・財務会計論』（第4版），中央経済社，平成11年，66～67頁。
3）　馬場克三「資本維持論の構造」『近代会計学大系・Ⅹ・理論会計研究』（馬場克三責任編集），中央経済社，昭和43年，154頁。
4）　井尻雄士「原価主義と労働価値説」『企業会計の経済学的分析』（シャム・サンダー・山地秀俊編著），中央経済社，平成8年，140頁。
5）　白鳥庄之助「時価主義会計・監査の系譜と21世紀への期待」『会計』，2000年1月号（第151巻第1号），2頁。
6）　「個人資金株式投信に流入」，日本経済新聞，2000年1月29日付。
7）　熊谷直彦（三井物産会長）「金融取引の虚実」，日本経済新聞，1999年10月12日夕刊。
8）　佐伯啓思『ケインズの予言』，PHP新書，1999年，96頁。
9）　深瀬晋太郎「グローバル時代の日本社会」，日本経済新聞，1999年7月11日付。

第1章　費用収益対応の原則

第1節　発生主義と費用収益対応の原則

§1　費用と損失

　費用収益の対応とは，一定期間に実現した総収益と「その収益をつくり出すために費やした総費用（発生費用）」の対応をいう。「費用は原因であり，収益は結果である」[1]。そこで，収益と関係のない損失は「対応」の理念からでなく，発生主義の原点に戻って発生した期に認識されると考えられる。

　企業会計原則は，「すべての費用及び収益は，その支出及び収入に基づいて計上し，その発生した期間に正しく割当てられる」とし，「ただし，未実現収益は，原則として，当期の損益計算に計上してはならない」（P／L原則・一・A）として費用は発生主義によって計上し，収益は，実現した段階で計上することにしている。実現とは販売等によって価値が実現することで，これを実現主義と言う。売れなければ無価値になるのが市場経済であり，販売前に利益まで計上しそれが処分されるとすると企業の維持に困難を招く可能性があるからである。

　企業会計原則は，開業費や開発費，試験研究費等を繰延資産としてその未償却残高を貸借対照表に記載するとし，また「……支払義務が確定し，これに対応する役務の提供を受けたにもかかわらず，その効果が将来にわたって発現するものと期待される費用（＝将来の期間に影響する特定の費用）」についても

繰延資産として計上することができるとしている（注解15）。そこで，例えば企業の再構築（リストラクチャリング）を決定し解雇費用として通常の退職金を上回る割増退職金の支払義務が発生したような場合，その「リストラ」によって企業再生の効果も生じればこれも「将来の期間に影響する特定の費用」とも考えられる。この点では，自然災害等による臨時巨額の損失に対し法令等の容認を要件にしてではあるが繰延経理も認めている点は参考になる。

　ちなみに，わが国の商法は，昭和37年の改正で取得原価主義を確立し，資産・負債（財産）を重視する財産法（資産負債アプローチ）から債権者保護を図りながら費用収益対応の原則を基調とする損益法（費用収益アプローチ）に移行しており，繰延資産を大幅に許容し引当金も容認するようになっている。

　また，わが国の企業会計原則は，修繕引当金も代表的な引当金の一つに例示し，引当金の要件として「その発生が当期以前の事象に起因」することを挙げ，収益をもたらしている設備等に発生している損傷や収益に対応する損失（貸倒や製品保証等）を「当期の負担に属する費用」としている。この考えは，「損益計算は当該期間に発生した収益とこれに対応した費用を計算する」もので「対応とは……その原因となる事実を指す」[2]とされた費用収益対応の理念に基づいており，工場閉鎖等による企業再構築に備える支払義務については閉鎖等がなされた期の損失とし，繰延経理も考えられてよいように思われる。

　しかし，国際会計基準はこのような支払義務の発生も重要な引当金と位置づけ，そこでは，自然災害による損失も「営業活動で発生する費用との間に本質的に違いはない」（F・79項）とする視点を貫いてきている。

§2　減価償却と発生主義会計

　期間損益計算の成立は会計上固定資産の概念を導き，「それこそがまた発生主義会計を必然化して減価償却概念」を導いたものと考えられる[3]。ちなみに，固定資産に投下された資本は生産過程に長く止まり市場から隔絶しているため，固定資産の再評価には「客観的に明白な証拠力（＝検証可能性）」が乏しく，

減価償却費は規則的な費用配分に拠らざるを得ない。

しかし，国際会計基準第36号「資産の減損」(1998年) は，固定資産 (有形減価償却資産) についても，「当期中に，時間の経過又は正常な使用によって予想される以上に，資産の市場価値が異常に低下した」場合 (9項(a)) は「減損」の兆候と認めてその回収可能価額 (その主な内容は売却可能価格) を見積もり，その額が帳簿価額を下回っているときは，「減損」損失の認識を要請している。そのため，「減価償却は……費用配分の方法であり，全く会計技術的のものであるから，償却の結果たる固定資産の帳簿価額はその資産の能率価値を示すものでもなく，また売却価格を示すものでもない」[4] ということから「公正な会計慣行」の地位を獲得してきた費用配分の理論は，大きく揺さぶられている。しかし，「減価」が測定できるのであれば費用配分という手続きは不要であったはずであり，固定資産が予定どおりに事業の用に供されている場合に減価を測定するということは，主観的な要素を大幅に持ち込むことで利益操作にも道を開き，減価償却を否定することになってくる。そこで事業の用に供されている限り，有形減価償却資産に「減損」が認識できるのは，物理的損傷の発生や陳腐化ないし不適応等に陥った場合に限られてきたように思われる。

ちなみに，固定資産には他社との競争から独自の仕様で資本的支出を施す場合が多いがその資本的支出の売却価格は算定しようがないし，固定資産が一体として (「部分的」にではなく) 使用されるということからは長期前払費用のように各年度に分割することはできないということも見逃されてはならない。

§3　国際会計基準における費用収益対応の概念

国際会計基準 (IAS) は，研究開発費のうち，研究活動に係る支出については「発生した期間に費用として認識」すべきとし (IAS38・42項)，開発活動に係る支出についても内部創出無形資産に該当するものを抜き出す形で，使用または販売が可能なことを条件に無形資産としている (同・45項)。

国際会計基準はまた，発生主義の発生という概念を現金支払義務の発生と同

義と捉え（F・22），引当金も支払義務の発生として規定している。

　すなわち，国際会計基準第37号は，引当金（provisions）を「負担する金額または時期が不確実な債務」と定義し，その計上を，「(a)過去の事象の結果として現在の法的債務またはみなし債務（constructive obligation）を有し，(b)経済的便益を有する資源の流出がかなり高い確率で要求され，かつ(c)その金額が信頼できる見積をできる場合のみ」（14項）とする。そして，「引当金の金額は，貨幣の時間価値（time value）の影響が重要な場合，債務の弁済に必要となる支出の現在価値でなければならない」（45項）とし，その割引率を「当該債務に固有のリスクに関する現在市場の評価を反映するもの」（47項）として過大計上を抑制する形で現在価値概念も導入してはいるが，注目されるのは，わが国ではこれまでほとんど取り上げられることのなかったリストラクチャリング引当金を重要な引当金として示してきたことである。

　すなわち，ＩＡＳ第37号は，リストラクチャリングを，「経営者によって計画され統制されているプログラムであって，事業の範囲や事業運営の方法を大きく変更させるもの」とし（10項），リストラクチャリング引当金とは，「(a)リストラクチャリングにより必然的に含まれるものであり，かつ(b)企業の継続進行している活動には関連していないもの」に対する引当金とされている（80項）。しかし，次のような事象もリストラクチャリングの定義に該当することがあるとされている（70項）。

(a)　一事業部門の売却または終止。

(b)　ある国や地域の事業所の閉鎖，またはある国や地域から他の国や地域への営業活動の移転。

(c)　経営管理構造の変更，例えば経営陣のある階層の除去。および，

(d)　企業の業務運営の性質と核心に重要な影響をもつ根本的な組織の再編成。

　そこで今，これらを仮に収益との対応という点から考えてみると，昨今のわが国におけるように，株価低迷に悩む企業が「リストラ」を発表したとたんに株価が上がり企業の信用力が回復するというのであれば，むしろ繰延経理が妥当するようにも思われる。また，この場合，その損失で投下資本の多くが失わ

れるような場合であれば，むしろ「資本減少（＝減資）」の手続きが要請されるようにも思われる。ちなみに，わが国の企業会計原則は天災等によって当期未処分利益から当期の処分予定額を控除した金額では負担できないほどの「臨時巨額の損失」（注解15）が発生した場合，法令による容認を前提にしてではあるが繰延経理を認めており，繰延経理も一つの処理法と考えられる。

　ちなみに，ＩＡＳ第37号は，偶発債務（contingent liabilities）については，「可能性のある債務または資源の流出を要求されるかもしれないが，要求されない可能性も高い現在の債務」（付録Ａ・表「引当金と偶発債務」）として貸借対照表には計上せず（27項）その「開示」だけを求めて（28項），引当金の負債（債務）として性格を際立たせている。しかし，負債の特徴を「財貨および役務の現在の義務」（Ｆ・60項）という点に求めると，その義務をもたらした「原因」の性格よりも支払義務という面に焦点が当てられ，利益に課される法人税だけではなく，条件によっては配当まで「費用」となる可能性も出てくる。現に，「企業主体理論（entity theory）の新たな説明においては，利益は……配当を控除した後に企業に残余する部分（留保利益）で，……配当は費用」となってきている[5]。ちなみに，アメリカ証券取引委員会は，株主の側に償還請求権のある優先株（redeemable preferred stocks）に対し「債務（debt）に似ている」として一般的な株主持分項目への計上を禁じたが[6]，支払義務というだけでは，このような優先株への配当も「支払義務」の素質を備えてくるように思われる。とすれば，費用については，債務（支払義務）の側からではなく，やはり収益を獲得するための財貨それ自体の価値の減少や役務の費消という原点に戻って認識されなければならないように思われるのである。

　ところで，いわゆるリストラによる解雇費用などは，収益に対応する部分は退職給付費用としてすでに計上されているので，それを上回る解雇支出の見積額は積立金と考えられ，その「費用」化は，発生時点（解雇時点）を含む前後の収益に按分せざるを得ないように思われる。もっとも，ＩＡＳ第37号もリストラクチャリング引当金に含まれない費用として，「(a)継続社員の再訓練費または移転費用，(b)販売費用，または(c)新しい制度や流通組織への投資」を挙げ

ている (81項)。したがって，再構築を行った後の収益に対応するようなものは除かれているが，事業所の移転や根本的な組織の再編成などは，その後の企業活動から峻別するわけにいかないように思われる。

なお，資産価値の減少は，引当金としてではなく「資産の減損」に譲られ，修繕引当金のような評価性引当金は引当金の対象でなくなっているが，コーラーの『会計学辞典』は，"provision"を「減価償却引当金……のような評価勘定，または所得税などの発生負債の増加を伴って行われる，見積費用または損失，もしくは資産原価の減少の計上」とし，英国の用法として「(a)見積または発生負債について会計帳簿に記入した金額，(b)減価償却，貸倒，棚卸資産価格低下に対する引当金の金額」も挙げており[7]，国際会計基準の"provision"はこれとはかなり異なった用語法になっている（第3節§1参照）。

§4　債務の発生と費用

債務の発生による費用の認識は，繰延税金債務による税金費用の発生ももたらす。税法上の減価償却費が，加速償却（定率法等）の故に法人税を減少させ将来はその分だけ法人税が増加するとしてその分を繰延税金債務とし，定額法を使いながらその年度に「税金費用」を認識する税効果会計がそれである。

税効果会計においては，財務会計上は定額法で償却しながら定率法で償却したのと同じ効果が期待されることになり，定額法で償却した意味もなくなってくる。ちなみに，税法上の加速償却が将来の増税を引き起こすといっても，その「増税」になる年度が欠損であればその「繰延税金債務」は消滅してしまう。このように，将来の支払義務の予測から費用を導き出すことには不確定要素を多分に持ち込むことでかなり無理があるが，そこで重要なことは，法人税は利益の発生という原因に対して課される帰結であり，帰結から原因に遡るとその無理は増幅されざるを得ないということである。

例えばわが国の企業年金の中枢を占める厚生年金基金の場合，公的年金である厚生年金の一部を「代行」しており，近年この代行部分には膨大な利差損が

発生していたが，退職給付会計基準はその「代行部分」も退職給付債務に含めるため，厚生年金基金は「賦課方式」化しつつある厚生年金の代行部分まで積み立てることになり，結局，本来の企業年金の部分（プラスアルファー部分）の積立金に食い込まざるを得なくなってきていた。

ところで，わが国では，企業の退職金の支払総額は賃金の伸びより遙かに高く，昭和45年に4.3％であった大企業の退職金の対現金給与比は平成6年には8.4％に倍増し，退職金負担増の防止策としての退職金の年金化が進行している[9]。しかし，その年金が確定給付型であることから膨大な退職給付債務を引き起こしているため，多くの企業は確定拠出型への切り替えを進めているようで，その点では時価会計の主要な一翼をなす割引現在価値を適用する範囲も狭まってくる。

ちなみに，「リストラ」等による離職者の増加は，「従業員がいま直ちに退職するとしたら受給するであろう額」とする税法上の「期末要支給額基準」による算定をヨリ必要とするであろうし，退職給付債務についてはじつは，雇用の延長や賃金水準等に密接に係わっており，現在の契約などは一つの参考にしかならないようである。例えば，現在60歳定年の企業が56歳から59歳でいったん退職し，2割程度減額された賃金水準で再雇用し，60歳以降も働けるようにはするが「年金総額も最大で25％減額する」といった人事制度も出てきている[10]。ちなみに，企業年金には公的年金を受給するまでの繋ぎという場合もあって公的年金を代替するような性格は乏しく，このような点からも，退職給付債務については，支払義務の発生という点からではなく，労働用役の費消という事実の発生から考えなければならないように思われる。

したがって，費用についてはまず発生主義の原点に戻って，「発生主義会計にいう発生は，現金の収支や現金収支に関する権利義務の成立や消滅とは無関係に，（財のもつ経済価値の増減変化という）事象を認識する会計である」[11]と考えるべきで，その上で，収益の獲得に結びつかない支払義務（臨時損失等）の発生については，その発生した期で認識し，繰延経理を含めてその取扱を考えなければならないように思われるのである。

第2節　繰延資産会計

§1　企業会計原則上の繰延資産

　企業会計原則は，繰延資産を，「すでに代価の支払が完了し又は支払義務が確定し，これに対応する役務の提供を受けたにもかかわらず，その効果が将来にわたって発現するものと期待される費用」としている。そして，創立費，開業費，新株発行費，社債発行費，社債発行差金，開発費，試験研究費，建設利息を挙げているが（注解15），これは商法上認められた繰延資産を例示しただけで，これ以外にも「その他の繰延資産」として，「家屋等の賃借にかかわる権利金および立退料，公共的施設等の施設のための支出，製品の宣伝のために用いられる固定資産の贈与にかかわる支出等」が「繰延勘定の区分に掲記しなければならない」として示されている（「連続意見書第五」第一・三・ト）。ちなみに，この「その他の繰延資産」については，現在は，商法と歩調を合わせ，貸借対照表上は，固定資産の部の"投資その他の資産"の区分に記載されることになっている。

§2　商法上の繰延資産と法人税法上の取扱い

　株式会社の株主は会社に対し有限の出資義務を負うだけで，会社の債権者には何の責任も負わない。そこで，商法はその債権者を保護するため，貸借対照表上の純資産額（資産マイナス負債）から次の金額を控除した額（配当可能利益）の範囲内でしか株主に対して利益の配当はできないようにしている。その控除すべき金額とは，①資本金，②すでに積み立てた資本準備金と利益準備金，③その決算期に積み立てるべき利益準備金（資本金の4分の1に達するまで利益の処分として支出する金額の10分の1以上），④開業費・試験研究費・開発

費(繰延資産)の合計額が上記②と③の準備金(法定準備金)を超えるときのその超過額,⑤平成6年・9年の商法改正で新たに認められた自己株式の資産計上額,⑥市場価格がある金銭債権,社債,株式等に時価を付したことによって増加した純資産の額である(商290①)。

ところで,上記④に挙げられた繰延資産(開業費・試験研究費・開発費)は昭和37年の商法改正で認められたもので,その容認によって商法は,資産・負債(財産)を重視するそれまでの「財産法」の立場から「資本維持原則および会社債権者保護をできるだけ考慮しながら,……損益法に基づく会計実務を充分に行うことができるような道を開く」[12]ことになり,ここにわが国の商法は,この改正によって費用収益対応の原則を「公正な会計慣行」として受け入れたのであった。しかし,会計理論は近年,費用収益の期間的対応(損益法→費用収益アプローチ)よりは企業の財政状態(貸借対照表)を重視するようになり,金融商品会計基準(平成11年)は売買目的で所有する有価証券等に時価を要請し,商法もこれを受け入れ,そこで上記⑥の配当制限条項が加わった。したがって,この条項は,商法が時価評価を受け入れたことによる「利益」の増大に対し積極的に「財産法」の復活を図ったもので,上記④が繰延資産のような擬制資産を大幅に認めた妥協の産物であったのとは質的に異なっている。けだし,それは擬制資産ではなく金融商品会計基準が時価評価を要請した現金同等物である点で,換金して配当しても資本金の維持を侵すことにはならないものに対する配当の制限であるからである。

ところで,商法は次の8つの繰延資産を限定的に列挙しているが,これらは資本充実の原則から望ましいものではなく,任意計上とされている。ちなみに,そのうち古くから認められている創立費(設立費用および発起人報酬)や社債差額(社債発行差金)および建設利息も,それらはいわば必要悪として認められていたに過ぎなかった。

(イ) 創立費(税法・創業費)

商法は,株式会社の設立準備開始後その設立(法律上の成立)までの支出額,つまり定款・目論見書の作成費用,株式発行費・通信費・事務所費・創立総会

費などの「会社ノ負担ニ帰スベキ設立費用」と「発起人ガ受クベキ報酬ノ額」で定款に記載し創立総会の承認を受けた金額，ならびに設立登記の登録免許税を創立費としている（商286）。創立費は，会社の成立の後（ただし開業前に建設利息が配当される時はその配当が終わった後）5年内に毎決算期に均等額以上の償却をしなければならない。

　法人税法はこれらの支出額を創業費と称しその内容はほぼ同じであるが（令14①一），ただ定款に記載がなくても「その設立のために通常必要と認められる費用」については，法人がこれを負担することとして決算で計上した場合「法人の設立のために支出する費用で，当該法人の負担に帰すべきもの」としてこれも創業費に含めている（基通8－1－1）。

　(ロ)　開業準備費（税法・開業費）

　商法は，株式会社の成立後「開業準備ノ為ニ支出シタル金額」を開業準備費としており，その支出の範囲には特に制限は示されていないので，これには例えば土地・建物の賃借料，広告宣伝費，通信交通費，事務用消耗品費，支払利息，使用人の給料手当，保険料，電気・ガス・水道料等の営業開始までに支出する費用が含まれる（商286ノ2）。開業準備費は，開業の後5年内に毎決算期に均等額以上の償却をしなければならない。

　法人税法ではこれを開業費と称し，その内容を開業準備のために「特別に支出する費用」に限定しているので（令14①三），支払利息や諸料金のような「経常的な性格を有する費用」は除かれる。

　(ハ)　試験研究費

　商法は，試験研究費を，「新製品又ハ新技術ノ研究」のために「特別ニ支出シタル金額」として（商286ノ3・一）その支出の後5年内に毎決算期に均等額以上償却することを命じ，法人税法もその範囲については「試験研究のために特別に支出する費用」としている（令14①四）。したがって，企業が現に生産している製品や採用している技術の改良等のために継続的に行われている試験研究費は含まれない。

(ニ) 開 発 費

商法は，(イ)新技術または新経営組織の採用，(ロ)資源の開発および(ハ)市場の開拓のために「特別ニ支出シタル金額」を開発費とし，その支出の後5年内に毎決算期に均等額以上の償却を命じている（商286ノ3・二～四）。「特別ニ支出シタル金額」であるから，事務用消耗品費や光熱費，保険料，支払利息等は，経常的な費用としてこれには含まれない。

法人税法もこれとほぼ同様であるが（税法上の表現では，上記のイ・ロ・ハのほかに，「新たな事業の開始のための費用」も入っている。令14①五），ただ，「資源の開発のために特別に支出する費用」のなかには，「その開発に要する資金に充てるために特別に借り入れた借入金の利子」が，「かなりの比重を占めるであろう」という趣旨から含められている（基通8－1－2）。そしてこれを含めた理由は，長期の探鉱等で累積欠損金の大半についてその繰越控除期間がむだに過ぎてしまって「膨大な欠損金を抱えながら法人税を納付しなければならないといった事態」を回避するためとされている。

(ホ) 新株発行費用

商法は，新株の発行に必要な費用の繰延べ処理を認めたが，新株発行費用には株式募集のための広告費や金融機関の取扱手数料，証券会社の取扱手数料，株式申込証・目論見書・株券等の印刷費，変更登記の登録税，その他新株発行のために直接支出した費用が含まれる（商286ノ4）。新株発行費は，新株発行の後3年内に毎決算期に均等額以上償却するように定められている。法人税法も，新株発行費を「株券等の印刷費，資本又は出資の増加の登記についての登録免許税その他新株（出資を含む）の発行のために支出する費用」と定めている（令14①六）。

(ヘ) 社債発行費用

社債とは株式会社が資金調達のために償還期限ならびに確定利子を定めて発行する有価証券で，その額面は普通は100円で，その整数倍（1万円，5万円，10万円，100万円等）でも発行される。

例えば，償還期限5年の社債1,000万円を券面金額98円券で発行して，その

発行費90万円を小切手を振り出して支払ったとすると、次のようになる。

(借)当　座　預　金　9,800,000　　(貸)社　　　　　債　10,000,000
　　　社 債 発 行 差 金　　200,000
(借)社 債 発 行 費　　　900,000　　(貸)当　座　預　金　　　900,000

　社債発行費用には、社債権者募集のための広告費や金融機関の取扱手数料、証券会社の取扱手数料、社債申込証・目論見書・社債券等の印刷費、社債の登記の登録税その他社債発行のために直接支出した費用が含まれる。社債発行費は、社債発行の後3年内（ただし、その期限が3年内に到達する場合はその償還の期限内）に、均等額以上償却することとされている（商286ノ5）。一方、法人税法の規定も同様で、その範囲については、「社債券の印刷費、社債の登記についての登録免許税その他債権の発行のために要する費用で、社債発行差額を除く。」とされている（令14①七）。

(ト)　社債差額（税法・社債発行差金）

　商法は、社債の募集で調達した金額が社債権者に償還すべき金額を超える場合のその超過額を社債差額（または社債償還差額）と呼んでいる（商287）。企業会計原則や財務諸表規則は社債発行差金（ただし「連続意見書」では社債発行割引料）と称し、法人税法も社債発行差金と呼んでいる（令14①八）。

　商法は、社債差額を社債償還の期限内に、毎決算期に均等額以上の償却をしなければならないとしている。これに対し、法人税法は、平成10年度の税制改正以降、その償却限度額を「当該事業年度の月数」÷「社債の償還期間の月数」に限定し、従来、証券取引法に規定する「不特定且つ多数の者に対し均一の条件」で募集（証法2③）された社債などに認められていた任意償却は認められないことになった。

　なお、社債にはその発行価額がその券面金額を超える打歩発行（オーバーパー）も見られるようになったことから、その超過額をその償還期間にわたって益金の額に算入することになった（令136の2）。

(チ)　建　設　利　息

　建設利息とは、設備資産の建設に長期間を要する株式会社を設立する場合、

開業して利益を生む前に株主に支払われる，例外的に認められた資本拠出の報酬を言う。株式会社には「利益なければ配当なし」という原則があるのであるが，建設利息は稼得利益の配当ではない。そこで，その性格については，(1)工事完成後の「将来に生ずべき利益の前払」と見る前払利益説と(2)「資本の払戻の性格をもつ」と見る資本払戻説が代表的な説で「連続意見書第五」は両説を併記しているが，それ以外にも，(3)資本用役に相当する財務費用と考えて繰延経理とする説や(4)設備資産の原価に含める説もある。

わが国の商法は，鉄道や水力発電，運河のように，事業の性質によって会社の成立後2年以上営業全体の開業ができない場合に，定款によって開業前の一定期間，建設利息を株主に配当すべき旨を定めることができるとしている（商291）。

建設利息は，少なくとも法律上の通説は資本の払戻であり，いずれにしても後の利益から塡補されなければならないものである。したがって建設利息は，費用勘定で処理されるべきでなく利益処分項目とするのが理論的であるが，法人税法上，損金に計上することが認められているため（令64），商法上も社債や借入金の利息と同様に損益計算書で示されるようになった。しかし，わが国の商法の母法とされるドイツ商法では従来，建設利息を株主に対する利子支払禁止の例外として規定しその法的な性質を「株主の債権者的権利」としていたが，それまで建設利息を認めていた株式法第57条第3項は1978年12月13日の改正法で廃止されている。

§3 繰延資産と法人税法

わが国では，今次大戦前は，「商法第286条の創業費，商法第287条の社債較差金，商法第291条の建設利息の配当金の繰延整理，或いは会計学上の通則であるところの未経過保険料等に付いては法人の為した会計整理が認容せられるが，……例えば研究費，募集費，広告費，景品費，開店披露費等は，……将来の経費の前払であるとも解せられるから，法人がこれを将来価値あるものとし

て整理すれば，それはそれで否認し得ないと共に，之を支出した事業年度の損金であると為しても，これ亦否認し得ない」[13] というだけであった。しかし，企業会計原則が設定された後では，「繰延資産の繰延経理……についても，会計理論と税法理論との間における原則的相違は存在しない」[14] とされるようになり，繰延資産に関しても企業会計原則の考えが定着するようになった。

そこで，昭和34年，法人税取扱通達125は，「その支出の効果が当該支出の日以後1年以上に及ぶもの（繰延費用）」はその効果の及ぶ期間を基礎として計算される償却限度額以内の金額」しか損金に算入できないとする規定（旧法人税施行規則第21条の8）でいう「繰延費用」として，商法上の「繰延費用」（＝繰延資産）とならんで次のものを例示した（昭34直法1－150）。

(1) 公共的施設等の施設に当たり支出した費用
(2) 共同的施設等の施設に当たり支出した費用
(3) 自己の便益に供する病床等の施設に当たり支出した費用
(4) 自己の製品等の広告宣伝の用に供する固定資産を贈与するための費用
(5) 建物を賃借するために支出した権利金，立退料その他の費用
(6) バス路線開設等の出願に付けられた条件を達成するために支出した費用
(7) 社債発行差金
(8) ノーハウの設定契約に際して支出した頭金の費用
(9) 職業野球選手との契約をするのに当たり支出した契約金等の費用
(10) 炉体温しやに要した費用

したがって，これらは，企業会計原則がその設定時（昭和24年）から示している「将来の期間に影響する特定の費用」に対応するものであり，昭和29年に設けられた同注解12で言う「その効果が将来に発現するものと期待される営業経費」の税法における具体化であったと考えられ，その点は，後に企業会計審議会が，上記の繰延費用を繰延資産として計上する基準を「企業会計原則において明らかにする必要がある」（「税法と企業会計との調整に関する意見書」，昭和41年，総論，三(5)）としていることからも明らかである。ただし，連続意見書（昭和37年）においては，「損金算入の限度を明確にすべき法人税法の立

場からは画一的な取扱を行う必要が大きい」ことは認めながらも，「法人税法による規制としては，繰延経理および繰延額の償却期間について，法人に一応の基準を示し，この範囲内で，法人が自主的にこれを決定しうることを，さらに明確にすることが望ましい」（「連続意見書第五」第三）としており，いわゆる9号繰延資産（法人税法施行令第14条1項9号に規定されている繰延資産）の償却期間等を画一的に強制することには厳しい姿勢も示している。したがって，9号繰延資産の取扱がそのまま企業会計原則の意向をそのまま規定したとは言えないかもしれないが，費用収益対応の理念は戦前にはなかったのであるから，これはやはり，企業会計原則における費用収益対応の理念を税法が規定したものであることは間違いのないところであったと考えられる。

さて，このような経緯を辿って現在の法人税法は，商法の認める繰延資産については社債発行差金を除き，確定決算で資産に計上しない場合はその全額を償却（費用化）できるとしているが，9号繰延資産については，社債発行差金と同じように，その額を「支出の効果が及ぶ期間」で定額償却しなければならないとし（令64①二），その償却期間を次のように定めている（基通8－2－3）。

(イ) **公共的施設等の負担金**
(1) 便益を受ける公共的施設（道路，堤防等）の設置または改良のための支出。その施設等を負担者が専ら使用する場合，償却期間はその施設の耐用年数の70％相当で，それ以外の場合はその耐用年数の40％相当である。
(2) 便益を受ける共同的施設の設置または改良のための支出。負担者で共同使用する場合その耐用年数はその施設の耐用年数の70％相当（土地の場合は45年）で，一般公衆も利用できるアーケード等の場合は5年（その施設の耐用年数が5年以下の場合はその耐用年数）である。

(ロ) **資産を賃借するための権利金等**
(1) 建物の新築時に支払う権利金等でその額が賃借部分の建設費の大部分に相当し，実際上建物の存続期間中賃借できる状況にあるものの償却期間はその建物の耐用年数の70％相当であり，それ以外の権利金等で契約や慣習

等により借家権として転売できるものの償却期間はその建物の賃借後の見積残存耐用年数の70％相当，その他のものは5年（賃借期間が5年以下のものはその契約期間）である。
(2) 電子計算機その他の機器の賃借に伴って支出する費用の償却期間は，その機器の耐用年数の70％（それよりも短い契約で，更新の際に再び権利金等を支払う場合はその契約期間）である。

　(ハ)　役務の提供を受けるための権利金等
(1) ノーハウの頭金等。償却期間は5年で，契約の有効期間が5年未満で且つ契約更新の際に再び一時金または頭金を要する場合はその有効期間。
(2) ソフトウエアの開発費用。償却期間は5年。

　(ニ)　広告宣伝用の資産の贈与による費用。償却期間は，その資産の耐用年数の70％に相当する年数（その年数が5年を超える時は5年）

　(ホ)　その他自己が便益を受けるための費用
(1) スキー場のゲレンデ整備費用。償却期間は12年。
(2) 出版権の設定の対価。償却期間はその設定契約に定める存続期間（存続期間の定めがない場合は3年）。
(3) 同業者団体等の加入金。償却期間は5年。
(4) 職業運動選手等の契約金等。償却期間は契約期間（契約期間の定めがなければ3年）。

§4　繰延資産と確定決算基準主義

わが国の法人税法は繰延資産を「支出の効果がその支出の日以後1年以上に及ぶもの」（法2・二十五）と規定して9号繰延資産を強制しているが，わが国の確定決算主義の淵源ともされているドイツ税法は，わが国の繰延資産と項目的には対応するものについて，確定決算（商事貸借対照表）で計上された場合でも税法ではその計上を認めていない。すなわち，従来，株式会社に開業費だけの計上を認めていたドイツ株式法旧第153条4項も1985年改正の新商法第

269条1項ですべての資本会社に開業費や営業拡張費を補助的貸借対照表項目（Bilanzierungshilfen）として計上する選択権を認めるに至ったが，これらについては，「商法で借方計上を許されるものは，税法上（特に規定がなければ）借方に計上されなければならないという論理は妥当せず，逆に商法上の補助的貸借対照表項目に基づいて借方計上される金額は，財産対象物（Vermögensgegenstände）でもなければ経済財（Wirtschaftsgüter）でもないので，税法上は借方計上できない」とされ，「資本会社が商法上借方項目として計上する営業活動の拡張のための支出は，税務貸借対照表に借方計上してはいけない」し，また社債差額（社債発行差金）については，商法は計上する選択権を認めるだけであるが（ドイツ商法第250条3項）税法はその計上を義務づけている。ちなみにドイツ商法は，設立費や自己資本の調達費の資産計上を認めず（第248条1項1），建設利息は廃止されている。

このように，繰延資産については，その「資産性」の欠落からこれを否定する方向が一般化してきているようであるが，しかし，繰延資産とは元来，「企業が将来にわたって事業活動を継続する」という継続企業（going concern）の仮定の上で成立した擬制資産であり，わが国の商法が昭和37年改正で認めた試験研究費や開発費等も，「担保力がなく，その資産性を認めることは，債権者の利益を害する」ことを踏まえた上で「会計学の立場から……期間損益計算の正確化を全うする」[15]ために認められたものであって，その否認ということになると，その前提となる継続企業という仮定も問題になってくる。とすれば，少なくとも税法上の9号繰延資産のような長期前払費用に近いものについては，その支出の効果が，「何等かの基準によって，各期間に配分して負担させ（て認識され）なければならない」[16]ように思われる。

ちなみに，その費用配分は有形減価償却資産の減価償却に倣ったものであるから，その有効期間（耐用年数）がある程度は予測できなければならないであろうが，そのような予測の可能性を前提にすれば，これにも「費用収益アプローチ」は依然として健在であるように思われるのである。

第3節 引当金会計

§1 企業会計原則上の引当金

　引当金は Rückstellung(独)の訳で，英米にこれに匹敵する用語はない[17]。ちなみに，わが国では従来，引当金は，「資産価値の減少ないし費用または損失が生じてはいるが，その金額が将来おこる追加的事象をまたないと確定しない場合」に費用や損失を見込み計上する allowance[18] に近い解釈を中心に理論的展開も遂げてきていたが，昨今は国際会計基準の影響から，準備金も含意する provision の意で用いられる傾向が強まっている。

　わが国の企業会計原則は，引当金を昭和57年以降，「将来の特定の費用又は損失であって，その発生が当期以前の事象に起因し，発生の可能性が高く，かつ，その金額を合理的に見積ることができる場合」(注解18)に計上するとし，それまで「将来において特定の費用(又は収益の控除)たる支出が確実に起こると予想され」る場合に計上するとしていた旧基準よりもその対象は拡大しているが，必ずしも「債務」の発生から規定しているわけではない。

　ちなみに，企業会計原則は設定時(昭和24年)にすでに納税引当金や修繕引当金を「流動負債の部に記載する」(B／S原則・四(二)・A)とし，昭和29年に渇水準備金が追加，固定負債の部に退職給与引当金と特別修繕引当金を示すとともにその注解も設けた外，引当金には「評価勘定に属するものと負債的性質をもつものとの区別」があるとし，負債的性質の引当金には流動負債に属するものと固定負債に属するものがあるとされた(注解17)。こうして，修繕引当金は典型的な引当金とされ，この点は商法上その性質が法的な債務であるものは当然に計上すべきものであるから引当金ではないとする議論によっても補強されていたのであるが，国際会計基準の論理では逆に債務であることを前提とするため修繕引当金は除かれてしまうのである。

§2　商法における引当金の容認

　商法は，昭和37年の改正で，「特定ノ支出又ハ損失」に備えるための引当金を認めることになった（商287ノ2）。ちなみに，その改正においては，それまで秘密積立金の設定も適法であった資産評価の時価以下主義を取得原価主義に改めるとともに，繰延資産には従来いわば止むを得ず認めてきたものの外に，開業準備費，試験研究費，開発費，新株発行費，社債発行費を追加し，ここに費用収益対応の原則は，商法上も重要な理念となったのであった。

　ところで，繰延資産の場合にはその計上額がすべて配当可能利益となると，会社債権者の権利は侵害される場合も生じる。これに対し，引当金の場合には会社財産を確保することになる点では繰延資産とは反対であるが，その計上が不当に多くなると，せっかく時価以下主義から原価主義へ転換して秘密積立金の設定を不可能にした資産評価の改善が損なわれる恐れも出てくる。この点で，税法は費用収益対応の原則に基づいて6種類の引当金を認めたが，その容認においては，すでに発生している費用が中心的な役割を果たしたと考えられる。

§3　税法上の引当金

　平成10年の税制改正は，「課税ベースを広げる」（税制調査会・法人課税小委員会報告，平成8年11月）という政策的な意図から引当金を大幅に削減・縮小し，税法は発生主義会計から大幅に切り放されることになった。しかし，法人税法上の引当金は，企業会計原則が昭和57年に改正される前に，引当金を「将来において特定の費用（又は収益の控除）たる支出が確実に起ると予想され，当該支出の原因となる事実が当期においてすでに存在しており，当該支出の金額を合理的に見積ることができる場合」に計上するものとしていた改正前の企業会計原則の引当金の概念を根拠にしている。そこで，企業会計原則が，昭和57年の改正で，引当金を「将来の特定の費用又は損失であって，その発生が当

期以前の事象に起因し，発生の可能性が高く，かつ，その金額を合理的に見積ることができる」場合に計上するとし，未だ発生していない費用または損失に限定していることから，税法上の引当金は，収益に対応し発生していると見なせる引当金が中心であるため現在の企業会計原則より狭くなっている。

(イ) **貸倒引当金**

金銭債権の貸倒れ等による損失の見込額は，下記のように，(1)個別評価する債権と(2)一括評価する債権に対する貸倒見込額の合計額に対し，損金経理を前提に，損金に算入することができる（法52・令96）。なお，貸倒引当金の金額は，翌事業年度の所得の計算上，益金に算入される。

(1) 個別評価する債権（会社更生法等による更生計画認可の決定等による取立不能見込の全額や，手形交換所による取引停止処分にあった場合などの金銭債権の50％等）。

(2) 一括評価する債権（売掛金や貸付金等の一般売掛債権に過去3年間の貸倒実績率を乗じて計算した貸倒損失見積額）。

ちなみに，商法は，「金銭債権ニ付取立不能ノ虞アルトキハ取立ツルコト能ハザル見込額ヲ控除スルコトヲ要ス」（商285条ノ4②）としてその計上を強制しているが，この取立不能見込額は前者に対応している。

ところで，企業会計上の貸倒引当金については，従来，(イ)個々の債権の具体的な取立不能見込額を指す場合と(ロ)同種の金銭債権について従来の経験や調査によって平均的に算定される取立不能の見込額を指す場合に分け，後者が中心に考えられてきていた。

例えば黒澤　清教授は，「個別的に債務者ごとに債権の取立見込を実地に調査して，貸倒予想を立てることを会計上否定する必要はない」としながらも，この認識は必ずしも企業会計原則上の貸倒引当金を算定する「会計的常識に一致しない」とし[19]，また，「偶発事象に係る費用または損失こそ，引当金会計の対象として重要なもの」[20]とされ，貸倒引当金は偶発事象に係る損失として位置付けられてきているからである。しかし，注記を要請されるだけの「保証債務，手形遡及義務，重要な係争事件に係る損害賠償義務その他これらに準ず

る債務」等の偶発債務（計算書類規則32・財務諸表規則58）とその計上が強制される「取立不能見込額」も含み得る貸倒引当金との間には大きな違いがあるように思われる。ちなみに，ドイツ商法典には貸倒引当金はなく（HGB，§266），「疑わしい債権」は回収可能見込額で評価されるべきこととされ（HGB，旧§40），税法上は部分価値（Teilwert）で示されることになっている。

わが国の商法も，金銭債権について取立不能の虞があるときは，「取立ツルコト能ハザル見込額ヲ控除スルコトヲ要ス」（商285条ノ4②）としてその部分の減損損失の計上を要請しているから，「基準性の原則」（＝確定決算基準）によって税法上もその控除は当然であり，この「取立不能」の部分はすでに「発生」している損失として「発生主義会計」の対象になる。しかし，一般売掛債権に過去3年間の貸倒実績率を乗じて算出する貸倒損失見積額については，費用収益対応の原則の導入が不可欠である。これも確率的には「発生」していると考えられるが，それは，収益（売上）として認識されている売掛債権が収益でなかったことを確認するという意味での「発生」の認識であるからである。しかし，貸倒れ自体はまだ発生はしていないので，後者の場合の「発生」の概念は，「確率的発生」として考えられ，この点で，「確率」の算定が難しい「偶発損失」とは区別しなければならないように思われる。

(ロ) 返品調整引当金

出版業，出版に係る取次業，医薬品（医薬部外品を含む），農薬，化粧品，既製服，蓄音機用レコードまたは磁気音声再生機用レコードの製造業，およびこれらの物品の卸売業の販売においては，事実上，委託販売である場合が多い。そこで上記の事業（これを指定事業という）において，(1)それを営む法人（販売業者）が，注文の有無を問わずその商品を送付したときには販売先は無条件に購入することになっており，かつ(2)その法人（販売業者）の方は販売先からの求めに応じその商品を当初の販売価額で無条件に買い戻すことになっている場合は，その販売業者は，期末の売掛金のうち，返品予想額中の利益を見積もって損金とし，それに対応する返品調整引当金を設けることができる。

ところで指定業種の商品販売は事実上は委託販売と考えられ，委託販売であ

れば，売上は受託者がその商品を販売した時点で認識される。したがって，返品調整引当金とはその未実現の利益を除くだけのものとも言えるから，この引当金は，販売形態の特殊性から「販売益」として現象する部分を控除するに過ぎず，売上利益の過大計上を修正する「評価性の引当金」[21]と考えられる。

(ハ) 賞与引当金

賞与は，使用人等（使用人および使用人兼務役員をいう）がすでに提供した労働用役に対する後払いの給与である。そこで，その未払分を見積もったものが賞与引当金で，これはすでに発生している費用である。ちなみに，その計上額は，例えば，暦年基準で計算する場合，[その事業年度終了の日以前1年間にその使用人等に支給した1人当りの賞与支給額（＝前1年間の1人当り支給実績）]をAとし，[当期末の使用人数]をnとして，次のように計算される。

繰入額＝[A×（1月1日からのその事業年度終了日までの月数÷12）
　　　　－当年1月1日から期末までの1人当り賞与支給実績]×n

そして，この損金算入額は，次の事業年度に取り崩され益金に算入される。

ところで，平成10年の引当金税制の改正で，賞与引当金の損金算入限度額は5年間にわたり順次的に縮減されることになり，平成14年度に損金に算入された金額は，平成15年4月1日以降開始する事業年度の所得の計算では益金に算入されるされることになっている。

(ニ) 退職給与引当金

労働協約，就業規則または税務署長に届け出た規定による退職給与規定を有する法人は，使用人の退職時に支払う退職金に充てるため，損金経理を前提に次のような基準で退職給与引当金に繰り入れることができる（令106）。

(ⅰ) 労働協約による場合

(1) 期末要支給額基準

　事業年度末に使用人の全員が自己の都合で退職すると仮定した場合に退職給与規程によって支払われることになる退職金の合計額（→以下，「期末退職給与の要支給額」という）と，前事業年度末に同じような仮定で計算されることになる金額（＝「前期末退職給与要支給額」）との差額。

(2) 累積限度額基準

　期末現在の「期末退職給与要支給額」×20％から，前期から繰り越された「期末退職給与要支給額」を控除した額。ただし，上記の20％は平成15年以降の限度額で同年までに漸次20％に近づけるのであるが，昭和27年の創設時には100％であって，昭和31年に50％，昭和55年に40％に引き下げられたものである。ちなみに，その40％は，従業員の平均在職年数から計算して12年後に支払う退職給与を8％の複利現価率で現在価値に直した0.397によっている。なお，昭和31年の50％は，平均在職年数を9年とし，これに8％の複利現価率を乗じた0.5002が基礎になっていた[22]。

（ⅱ）　労働協約で退職給与規程を定めていない場合

(3) 給与総額基準

　　（期末現在の使用人にその年度中に支給した給与総額に6％を乗じた額）と上記基準のうちで最も少ない金額とされている。

　ところで，企業会計審議会報告は，「わが国における退職金は，労働協約等に基づいて従業員が提供した労働の対価として支払われるものであると一般に解釈されており……基本的には賃金の後払いの性格をもっているといえるが，……勤続に対する功績報償及び老後の生活保障という性格もあわせもっている」とし，退職金の支出を「支出がなされる以前の……労働の費消」ないしは「生産性の維持昂揚，労働力の確保」等のための費用と考え，退職給与引当金を「この事実を期間損益計算に反映させる」ものと位置づけている（昭和43年「退職給与引当金の設定について」）。したがって，税法上の退職給与引当金もこの考えを反映し，総じて条件付債務に対する費用を含む発生主義的な視点によって規定されたと考えられる。

　しかし，昭和57年に改正された現行の企業会計原則は，「引当金と引当金に該当しない見積債務とを識別すること，そして未払税金，未払給与など既発生の債務たることを示す科目名称であらわすことにすること」を課題として，「退職給与債務に関しても，一般的には退職給与引当金という科目名称が用いられているが，退職給与という費用の見積計上を行った年度の負担すべき従業

員給与費の一部であるとすれば，退職給与債務は引当金ではなく，既発生の未払費用にほかならない」[23]とされるようになった。

一方，商法第287条ノ2の引当金は「債務でないことを要する」とされ，退職給与引当金も，一定額の退職給与をなすべき旨が契約上の義務として定められているときは，その当期負担額は，貸借対照表の負債欄に掲げることを要するものであって，287条ノ2の引当金ではないので，「特に退職給与引当金は契約上の義務として定められたものでないときで発生確率の高い場合に限って287条ノ2の引当金に属する」[24]，とされている。そこで，この理論では，前述の企業会計審議会報告の示した「労働協約等」に基づく退職給与引当金の計上はこれには含まれないことになることが注目されるところである。

(ホ) 特別修繕引当金

大規模な修繕や定期検査が周期的に必要でかつその周期が相当の期間にわたる固定資産には，その修繕等に対し，特別の修繕引当金の計上が必要になる。そこで，法人税法は，これまで，(1)船舶安全法の規定で定期検査を受けなければならない船舶（総トン数5トン以下のものを除く）に対する，その定期検査を受けるための修繕や(2)銑鉄製造用の溶鉱炉および熱風炉ならびにガラス製造用の連続式溶解炉に対する，その炉に使用する煉瓦の過半を取り替えるための修繕等のような特別の修繕に対し，引当金（税法はこれを特別修繕引当金という）の計上を認めていた（法旧56①）。しかし，平成10年の税制改正でその税法上の引当金としての地位は失われてしまった。しかし，特別修繕を理論的に考えてみると，減価償却によっては回復されない価値の減耗が主要な計上対象になっているので，その主要な部分については既に発生している減価を回復するものとして発生主義の概念を基礎に解釈できる引当金であった。

(ヘ) 製品保証等引当金

製品保証等引当金とは建設業または特定の製造業（小型船舶を除く船舶，船用機関，船用ポンプまたは船用プロペラの製造業や自動車の製造業，ファクシミリ装置の製造業，テレビ受像機の製造業等）を営む法人に対し，その請負または製造に係る目的物の欠陥を無償で補修する費用に充当するものであるが

(法旧56の２)，この引当金も廃止されてしまった。

　ところで，製品保証等引当金は，請負または製造に係る目的物が見えない形で欠陥がすでに「発生している」と考えられ，これも確率的にはその費用が算定できる点で「確率的発生」の概念が妥当し，売掛金等に対する貸倒引当金と同じ性格を有すると考えられる。したがって，製品保証等引当金も，発生主義の枠を超えるものではないように思われる。

(注)
1)　黒澤　清『解説・企業会計原則』，中央経済社，昭和57年，140頁。
2)　太田哲三『新稿・会計学』(補訂版)，千倉書房，昭和44年，148頁。
3)　馬場克三「減価償却論」『近代会計学大系・Ⅹ・理論会計研究』(馬場克三責任編集)，中央経済社，昭和43年，119～120頁。
4)　前掲２)　太田，50頁。
5)　斉藤真哉「税効果会計論」『会計』，1997年１月，134頁。
6)　SEC, Accounting Series Release 268, July 27, 1979.
7)　染谷恭次郎訳・コーラー『会計学辞典』，丸善，復刻版，397頁。
9)　村上　清『企業年金の知識』第３版，日経文庫，1997年，48～50頁。
10)　「賃金減条件に雇用延長」，日本経済新聞，2000年２月１日付。
11)　阪本安一「発生主義会計と引当金の概念」『税経通信』，1984年３月号，４頁。
12)　田中誠二『再全訂・会社法詳論』，勁草書房，昭和57年，714頁。
13)　片岡政一『会社税法の詳解』，東京・文精社，昭和15年，382～383頁。
14)　忠　佐市『税法と会計原則』，中央経済社，昭和28年，696頁。
15)　上田明信・吉田　昂・味村治共著『株式会社の計算』，中央経済社，昭和38年，22頁。
16)　前掲１)　黒澤，144頁。
17)　沼田嘉穂『企業会計原則を裁く』，昭和54年，同文舘，180頁。
18)　新井清光編『英和・会計経理用語辞典』，平成６年，中央経済社，29頁。
19)　前掲１)　黒澤，243頁。
20)　同上書，212～213頁。
21)　武田隆二『法人税法精説・平成10年版』，森山書店，1998年，709頁。
22)　山本守之『検証・法人税改革』，税務経理協会，平成９年，56頁。
23)　番場嘉一郎「修正企業会計原則と財務報告」『会計ジャーナル』，1982年６月号，49頁。
24)　前掲12)　田中，833～834頁。

第2章　取得原価主義会計

第1節　棚卸資産会計

§1　棚卸資産の意義

　棚卸資産とは，通常の営業過程で販売用に所有する資産，または販売用資産となる過程にあって払出しにより数量的に減少し使用のつど即時的に原形を変えその価値を生産物に移転する資産をいう。棚卸とは本来は「実際に現品にあたる」を言うが，企業会計上は，年度決算または在庫品整理のために在高を外観的に確認して評価することをいう。棚卸資産であるか否かは自然的属性によってではなく機能によって決まる。例えば土地や建物等であっても，不動産業者が販売用に所有する場合は棚卸資産である 。

　法人税法は，棚卸資産を，⑴商品または製品（副産物および作業屑を含む），⑵製造工程中の完了品で貯蔵され販売もできる半製品，⑶製造工程の流れの中にある仕掛品（半成工事を含む），⑷製品の主要な組成部分をなす主要原材料，⑸燃料等の補助原材料，⑹消耗品で貯蔵中のもの（包装用資材，修理用資材，作業屑，油等），⑺以上に準ずるもので棚卸すべきもの（他人の販売資産を加工しまたは修理した場合のその加工または修理に係る支出金等）としている（法2・二十一，令10）。そこで，例えば短期間（1年以内）に消費されるが繰り返して事業の用に供される工具等は，税法上は棚卸資産ではない。また有価証券については，子会社株式等とともに総て有価証券に分類しているので，

銀行等の金融機関や証券業者が販売用に所有し営業報告書に商品有価証券として掲げられているものであっても、税法上は有価証券に分類され(1)の商品には含まれない。なお、実際に現品に当たるといっても購入した資産で運送の途中にある未着品や委託販売商品でまだ受託者の手元にある未販売の積送品などは、実際に現品に当たるわけにはいかないが、これらも棚卸資産に含まれる（基通5-2-8の2，同2-1-3）。

§2 棚卸資産の取得価額

企業会計原則は、棚卸資産の取得原価を、生産された場合は「適正な原価計算の手続で算定された正常な実際製造原価」とし、購入されたものについては付随費用（副費）の一部または全部は重要性が乏しい場合は算入しないことができるとしている。

これに対し、税法は、正常性の概念や重要性の原則の適用には一定の制約を課し、棚卸資産の取得価額を取得の態様に応じ（令32①）、例えば購入した棚卸資産の取得価額を、(イ)購入の代価（引取運賃，荷役費，運送保険料，購入手数料，関税等，購入のために要した外部副費があればそれを加算）と(ロ)当該資産を消費しまたは販売の用に供するために直接要した運搬費・保管費等の内部副費（購入代価の3％以内であれば含めなくてもよい）の合計額としている。

§3 棚卸評価

棚卸資産の評価法には原価法と低価法があり、原価法としては個別法，先入先出法，後入先出法，総平均法，移動平均法，単純平均法，最終仕入原価法，売価還元法の8つが認められており（令28①），個別法以外は、棚卸資産を種類，品質および型等（これを「種類等」という）の異なるごとに区分しその評価法を次のように示している。

[Ⅰ] 原価法（＝原価基準）

(1) 個別法

個々に取得価額で評価する個別法は取得から販売または消費までの過程を個々に個品管理できる商品や製品等の場合に限られ，大量に取引される商品や大量生産に適する製品等で代替性質のあるものには払出品の恣意的な選択を避けるため認められていない。

(2) 先入先出法と後入先出法

期末棚卸資産を「種類等」の異なるごとに区分し，その種類等の同じものについて，実際のモノ（商品・製品・原材料物等）の流れとカネ（価値）の流れを切り離し，先入先出法の場合には最初に仕入れた商品等が先に払い出されたと仮定し，後入先出法の場合には，最後に仕入れた商品等が，最初に払い出されたと仮定する。したがって，先入先出法による期末棚卸資産は最後に仕入れた商品から成ることになり，後入先出法による期末棚卸資産は最初に仕入れた資産から成ることになるので，後入先出法については，インフレーションの場合に，払出価額（売上原価等）が相対的に「時価」に接近し，いわゆる「架空利益」の排除に役立つ。そこで，この点を，次のような設例で見てみよう。

[設　例]

京都商事会社が販売している同種の扇風機の当期（平成11年4月1日～平成12年9月30日）における受払の状況は，次の通りである。

		受	入		払	出
4月1日	繰越	20個	@¥2,000	¥ 40,000	5月30日	30個
5月15日	仕入	25個	@¥2,100	¥ 52,500	6月20日	20個
6月15日	仕入	35個	@¥2,200	¥ 77,000	7月11日	30個
7月10日	仕入	20個	@¥2,300	¥ 46,000	8月10日	25個
8月1日	仕入	20個	@¥2,400	¥ 48,000	9月10日	3個
9月1日	仕入	5個	@¥2,500	¥ 12,500		108個
		125個		¥276,000		

9月30日における期末棚卸資産の数量は17個である。

いま，この設例を基にすると，先入先出法の場合は，期末棚卸資産17個の評価額が9月1日仕入の単価2,500円の扇風機5個分12,500円と8月1日仕入の単価2,400円の12個分28,800円の合計41,300円になるが，後入先出法（但し期別後入先出法の場合）による期末棚卸の評価額は，前期から繰り越された単価が2,000円の扇風機17個分34,000円となる。そこで，その売上原価は，先入先出法と後入先出法では次のように算定される。

(イ)　先入先出法の場合

　　総取得価額276,000円－期末棚卸評価41,300円 [*1] ＝売上原価234,700円

　　(*1)　12,500円（9月1日仕入の単価2,500円の5個分）
　　　　　　＋28,800円（8月1日仕入の単価2,400円の12個分）＝41,300円

(ロ)　後入先出法の場合

　　総取得価額276,000円－期末棚卸評価34,000円 [*2] ＝売上原価242,000円

　　(*2)　前期からの繰り越された単価2,000円の扇風機20個のうちの17個が次期に繰り越されると想定されることになる。

なお，後入先出法には，上記の(2)のような1事業年度を通しての「期別後入先出法」の外に，税法は，月別に計算する「月別後入先出法」（基通5－2－3）や6か月ごとに計算する「6月ごと後入先出法」（基通5－2－3の2），ならびに払出のつど後入先出法で払出価額を算定する「そのつど後入先出法」も認めている（基通5－2－2）。期別後入先出法の場合はその事業年度が終了しないと払出価額の算定が出来ないという不便があるが，そのつど後入先出法の場合は，払出のつどその算定ができるのでそのような不便は解消する。

ところで，後入先出法は，仕入原価の恒常的な上昇からアメリカ石油協会が勧奨（1934年）しアメリカ税法が承認（1938年）したもので[1]，「架空利益」を除こうとする提言が税法の承認を待って「一般に認められた会計原則（ＧＡＡＰ）」となったと考えられる。けだし，利益の算定では取得原価主義を離れられないことから，これは，基本的には「費消価値」の「時価」への接近と考えられるのである。

(3) 平　均　法

　これには前期からの繰越額と当該事業年度に取得した棚卸資産の取得価額を合計しその合計額を総数量で除したものを１単位当たりの期末棚卸評価額とする(イ)総平均法と，資産の受入がなされる度に受入資産を含めて取得価額の単価を計算し直す(ロ)移動平均法，ならびに当該事業年度中に取得した棚卸資産についてその単価が異なる場合にその異なる単価を合計しその合計額を合計した回数で除した単純な算術平均値を全体の平均単価と考える単純平均法があり，それぞれは次のように計算される。

　(イ)　総平均法。１個当たり平均単価＝取得価額総額276,000円÷総数量125個＝2,208円になるので，期末棚卸評価額＝17個×2,208円＝37,536円となる。

　(ロ)　移動平均法。設例の場合には棚卸資産の受入額（取得原価総額）は276,000円，その期末棚卸評価額は40,040円となり，その売上原価は，取得原価総額276,000円－期末棚卸評価額40,040円＝235,960円となる。この方法によれば，期中でも販売成績が把握できる。

　(ハ)　単純平均法。上の設例の場合，その平均単価は，[2,100円＋2,200円＋2,300円＋2,400円＋2,500円] ÷ 5 ＝2,300円となる。

(4) 最終仕入原価法

　事業年度終了の時から最も近い時に取得したものの単価を期末棚卸評価の基礎にする方法で，仕入単価が持続的に上昇過程にある場合その単価は時価に最も近くなりそれだけ売上原価が少なくなって架空の販売益が生じる。上の設例の場合，期末棚卸資産の単価が2,500円であるから，期末棚卸評価額＝2,500円×17個＝42,500円になる。

(5) 売価還元法

　売価で棚卸しこれに原価率を乗じて期末棚卸評価額（＝売価棚卸高×原価率）を算定する方法で，原価率は［期首棚卸額（原価）＋期中仕入高］を［期中売上高＋期末売価棚卸額］によって除したもので，次のような場合には原価率は80％となる。

　　　期首棚卸額（原価）　　　200万円

当期仕入高　　　　800万円
　　当期売上高　　　　1,000万円
　　期末売価棚卸額　　250万円

　原価率＝[200万円＋800万円]÷[1,000万円＋250万円]＝0.8

したがって，この場合の期末棚卸評価額は，次のように算定される。

　　期末棚卸評価額＝250万円×0.8＝200万円

　売価還元法は，取扱品種が極めて多い小売業（デパート等）や卸売業で多く用いられている。この方法は，その種類が著しく異なるものを除き，通常の差益率［＝（通常の販売価額－通常の取得価額）÷通常の販売価額］がおおむね同じ棚卸資産については，同じ区分で計算することができる（基通5－2－5）。

[Ⅱ]　低価法（低価基準）

　低価法とは，期末棚卸資産をその種類等（売価還元法の場合は種類等または通常の差益率）の異なる区分ごとに原価（原価法で算定した価額）と時価（その取得のために通常要する価額＝再取得価額）を比較して，低い方の価額で評価する方法を言う。

　低価法は別に低価基準または低価主義とも言われ，「期間損益計算の見地からすると合理性をもたない」とする見解も見られるが，発生主義の見地からは，再調達価額が下落した場合に評価損を計上するのは「費用（損失）はその発生した期間に正しく割り当てる」とする『損益計算書原則』の一貫した適用とする見解が妥当であると思われる。

　ところで，低価法は，その計算単位（区分）ごとに適用されるのが原則であるが，この単位を大きくし比較の単位を広くすることも認められる。

　なお，低価法には低価法に基づく評価損を未実現損失と考え，翌期の期首には当期に評価損を計上する前の原価まで取得価額を戻す洗替え低価法と，低価法による評価損を実現された損失と考え，翌期には　その評価減された価額を取得価額とする切放し低価法とがある。洗替え低価法で計上された評価損は翌期首に評価益として振り戻されるので，翌期末には，改めて再現された原価と

時価が比較されることになるが，切放し低価法では，翌期に価額が上昇しても何ら影響されず前年度に評価減された価額がそのまま取得価額となるし，翌期にその時価（再取得価額）がさらに下落した場合にはその取得価額が翌期末のその時価と比較され，その低い価額まで評価損が計上されることになる。

ところで，税法は切放し低価法も認めているが，原則としては洗替え低価法となっている。その点で，低価法を原則的に切放し低価法であると考える会計理論とは異なっている。

［Ⅲ］ 低価法による場合以外の評価損

法人税法は「内国法人がその有する資産の評価替えをしてその帳簿価額を減額しても，……各事業年度の所得の金額の計算上，損金の額に算入しない」（法33①）としているが，預金，貯金，貸付金その他の債権以外の資産については，災害による著しい損傷その他の政令で定める事実が生じた場合には，損金経理を前提に損金算入を認めている。したがって，その対象となる資産は①棚卸資産，②有価証券，③固定資産，④繰延資産ということになり，このうち棚卸資産については，次のような事実があると評価減が認められることになっている（令68・一）。

(イ) 当該資産が災害により著しく損傷したこと。

(ロ) 当該資産が著しく陳腐化したこと。

(ハ) 内国法人について会社更生法の規定による更正手続の開始決定または商法の規定による整理開始の命令があったことにより，当該資産につき評価替えをする必要が生じたこと。

(ニ) (イ)から(ハ)に準ずる特別な事実。

ちなみに，その評価損の金額は，その棚卸資産の取得価額から直接に切り捨てられることになっている。

第2節　固定資産会計

§1　固定資産の意義

　企業会計原則上の固定資産は有形固定資産，無形固定資産の外に投資その他の資産も含んでおり，営業循環期間または1年を超える(1)事業の用に供される土地，建物，機械装置，特許権等の使用資産の外，(2)投資たる有価証券，出資金，長期貸付金等の回収される資産，および(3)長期前払費用にまで及ぶ。しかし，税法上の固定資産は専ら事業の用に供される使用資産に限られ，その概念は，「繰り返して同一の用途に使用される資産」として組み立てられており，この要件に適えば1年未満のものも固定資産である。

　固定資産は，減価償却資産と非減価償却資産に大別され，その取得に要した投下資本額（取得価額）は，特別な事実による評価損の計上を除けば，非減価償却資産は除却（売却等）時に費用（損金）化され，減価償却資産は減価償却の手続で費用化される。減価償却の最も重要な目的は「適正な費用配分を行うことによって，毎期の損益計算を正確ならしめること」であり[2]，減価償却会計とは「製造設備の取得原価から残存価額（もしあれば）を控除した金額を見積耐用年数に組織的・合理的に配分する過程であって，評価の過程ではない」[3]からである。

§2　減価償却資産

　減価償却資産とは資産の属性に基づく概念ではなく機能上の概念で，法人税法は，(1)事業の用に供されていないもの，および(2)時の経過によって価値の減じないものを除くという前提で，次に掲げる資産を限定的に列挙している。

(1) 有形減価償却資産

建物およびその付属設備，構築物，機械および装置，船舶，航空機，車輛および運搬具，工具，器具および備品。

(2) 無形減価償却資産

(イ) 法律上の独占的権利（特許権，実用新案権等の工業所有権等）
(ロ) 超過収益力の存在を示す財産（営業権）
(ハ) 建設費用を負担して取得する施設利用権（工業用水道施設利用権等）

§3 取得価額に見られる正常性の概念

(1) 高価買入資産

法人が不当に高価で買い入れた固定資産または出資に際し過大に評価して受け入れた固定資産について，その買入価額または受入価額のうちに実質的に贈与をしたものと認められる金額がある場合には，買入価額または受入価額から当該金額を控除した金額が取得価額とされる（基通7－3－1）。ちなみに，その譲渡人が当該法人の役員である場合にはその役員に対する賞与とされ（基通9－2－10(3)），税務上，損金に算入されない。

(2) 異常な仕損費

固定資産の製作に着手した後，当初の計画の重大な欠陥もしくは作業の重大な誤りにより異常な仕損じを生じたため，または災害等により製作中の資産の滅失等があったため製作費が当初の見積価額に比し著しく増加した場合には製作費のうちの異常な部分の金額は取得価額に算入しないことができる（旧昭35直法1－28「六」）。

(3) 借入金利子

固定資産を取得するための借入金の利子は，その固定資産の使用開始前の期間に係るものでも，当該固定資産の取得価額に算入しないことができる（基通7－3－1の2）。ちなみに，支払利息は，わが国の「原価計算基準」においては経営目的に関連しない価値の減少を示す非原価項目の一つとして確立して

いる(「五」)。

§4　固定資産の取得価額(その1)

法人税法は,減価償却や評価損益,除却損益等の基礎となる減価償却資産の取得価額を,取得の態様に応じて次のように規定している(令54)。

(1)　購入した減価償却資産

㈱購入代価と㈹外部付随費用(引取運賃,荷役費,運送保険料,購入手数料,関税その他購入のために要した費用),ならびに㈨当該資産を事業の用に供するために直接要した費用(据付費等の内部付随費用)の合計額。

(2)　自ら建設等(建設,製作または製造)を行って取得した減価償却資産

(a)当該資産の建設等のために要した原材料費,労務費および経費の額と(b)当該資産を事業の用に供するために直接要した費用の合計額。ただし,その合計額が法人の算定した建設等の原価の額と異なる場合に,法人の算定した建設等の原価の額が適正な原価計算に基づいて算定されていればその額が取得価額とみなされる(令54②)。

(3)　合併により受け入れた減価償却資産

(a)被合併法人が合併の日の属する事業年度において当該資産の償却限度額の計算の基礎とすべき取得価額と(b)当該資産を事業の用に供するために直接要した費用の合計額。そのため,合併法人の当該資産に付する受入価額は,時価以下であれば自由に決められるが,実際には被合併法人の帳簿価額が受入価額となることが多い。

(4)　出資により受け入れた減価償却資産

(a)当該資産の受入価額(外部付随費用があればそれを加算した金額。ただし,受入価額が時価《再取得価額》より高い場合は時価を上限とする)と(b)当該資産を事業の用に供するために直接要した費用の額の合計額。

(5)　その他の方法(贈与,交換,代物弁済等)で取得した減価償却資産

(a)取得時におけるその取得のために通常要する価額(時価)と(b)当該資産を

事業の用に供するために直接要した費用の額の合計額。

　これに対し，企業会計原則（「連続意見書」）は，購入の場合，付随費用を正当な理由がある場合はその一部または全部を加算しないことができるとし，建設等の場合は適正な原価計算基準に従って製造原価を計算するとしている。したがって，税法が原価差損が総製造費用の概ね1％相当額以内に限り，また，法人が棚卸資産に係る原価差額の調整を要する場合において，原材料等の棚卸資産を固定資産の建設等（改良を含む）のために供した時，または自己生産に係る製品を固定資産として使用した時は，当該固定資産に係る原価差額はその取得価額に配賦する（基通7－3－17）としている点とかなり異なってくる。

　しかし，交換によって固定資産を取得した場合，連続意見書では交換に供された自己資産の適正な帳簿価額をもって取得価額としているが，税法は，受入資産の「時価」を取得価額としている。一方，国際会計基準（ＩＡＳ）第16号「有形固定資産」（1993年改訂）は，異なる資産と交換に取得した有形固定資産の取得価額を「公正価値（＝時価)」とする点は税法と同じであるが，同じ事業活動において類似目的で使用され且つ類似の公正価値を持つ類似資産との交換で取得した有形固定資産については引き渡した資産の帳簿価額を引き継ぐとして連続意見書と同じ立場をとっている（第23項）。ちなみに，ＩＡＳは，譲渡資産の簿価を引き継ぐとした後者の理由を「利益稼得の過程は完成していないので交換取引では損益は認識されない」（ただし，受入資産の公正価値＝時価で譲渡資産の評価損が確認できる場合は譲渡資産を評価減しその評価減した簿価を引き継ぐ）とし，その受入資産で製造する「製品」の未実現利益を認識しない「交換に損益なし」という伝統的立場に立っている。この点には，「時価」導入の重要な限界が反映しているように思われる。

　なお，贈与については企業会計原則も税法と同じく受入資産の「時価」としており，この点では税法の方が「交換」の場合と一貫しているので，税法は，「時価」会計の桎梏どころか「時価」会計を先取りしていたとも言えるように思われる。

§5　固定資産の取得価額（その2）—資本的支出と修繕費—

　取得原価は，取得時の支出だけでなく取得した後でも資本的支出の取得価額への加算として行われる（令55）。資本的支出という用語は19世紀のイギリス鉄道法の複会計制度に由来しており，会計理論上は固定資産の取得自体も意味し，支出時の費用となる収益的支出と区別される。収益的支出とは収益に対応する支出を意味し，修繕費のことである。しかし，税法上の資本的支出とは固定資産の取得後に取得価額に追加する支出を意味し，改良・改善ないし部品の追加等による支出を言う。したがって，機械が故障した場合に元通りに直すだけであればその期間の収益に賦課できる修繕費であるが，故障部分を元以上に優れた部品と取り替えれば改良となり，その改良された部分に対応する支出が資本的支出になる。

§6　減価償却—原価配分

(1) 減価償却の3要素

　減価償却は，減価償却資産が一体として使用されその物質的減耗等の外見的把握が困難なため，取得価額（残存価額を除く）の耐用年数への配分として行われる。したがって，減価償却では，取得価額と残存価額と耐用年数（以上をふつう，減価償却の3要素という）の決定と減価償却方法の選択が必要であるが，税法はこれらの因子を法定しているので，税法上の減価償却計算はそれらを基礎に償却限度額の計算として行われる。ちなみに，償却限度額とは，減価償却費として損金に算入することを許される最高限度額のことを言う。

　償却限度額は，法人がその事業年度に償却費として損金経理した金額のうち，その法人が選定した償却法によって計算される金額である（法31①，令58①）。償却限度額を基準に償却実施額が償却限度額に満たない場合の不足額を償却不足額と言い，償却実施額が償却限度額を超える場合の超過額を償却超過額と言

う。

償却超過額を計上した減価償却資産の帳簿価額は当該事業年度以後の各事業年度の所得金額の計算上減額がなかったものと見なされ（令62），償却超過額については，翌期以降，償却費として損金経理をした金額に含まれるものとされ（法31②），償却不足額の範囲内でその年度の損金に認容される。

(2) 残存価額と償却可能限度額，ならびに定率法の償却率

残存価額は，アメリカの税法上は個々の資産ごとに有効耐用年数経過時の処分予定価額として決定されるが，わが国の税法ではあらかじめ画一的に，法定耐用年数経過時の予定帳簿価額として，通常の有形減価償却資産の場合は取得価額の10％，坑道および無形減価償却資産の場合はゼロとされている。

償却可能限度額とは取得価額のうち償却費として損金に算入できる総額のことで，償却済となるまでの償却費累計額の上限を言う。償却可能限度額は，坑道と無形減価償却資産では取得価額の総額，生物では残存価額に達するまでの金額であるが，坑道を除く有形減価償却資産の場合は取得価額の95％とされ，残存価額に５％も食い込む（令61①）。

ところで，有形減価償却資産の場合，残存価額を10％としているのは定率法の償却率の算定式が"$1-\sqrt[n]{残存割合}$（ただし n ＝耐用年数）"であるためで，その結果，わが国の償却率は，年率では次のように定められている（耐用年数省令別表第９）。

減価償却資産の償却率表（年率）

耐用年数	2年	3年	5年	10年	20年	30年
定額法	50.0%	33.3%	20.0%	10.0%	5.0%	3.4%
定率法	68.4%	53.6%	36.9%	20.6%	10.9%	7.4%

ちなみに，アメリカ税法の定率法は定額法の場合の償却率の何％になるかで150％になる場合は150％定率法，２倍になる場合は２倍定率法（200％定率法）と言い，1954年の内国歳入法が２倍定率法を一般に認めて以後は２倍定率法が普通であるが，ドイツの場合には，耐用年数が短いと償却率が急増するため30％に抑え10年以上には３倍定率法にしている。そこで今，定率法の償却率

46 第1部 「公正ナル会計慣行」と昨今の時価会計の要請

を日米独で比較してみると次のようになってくる。

定率法における年間償却率の日米独の比較（表）

耐 用 年 数	2年	3年	4年	5年	6年	7年	8年
日本の定率法の償却率（％）	68.4	53.6	43.8	36.9	31.9	28.0	25.0
アメリカ2倍定率法の償却率（％）	—	66.7	50.0	40.0	33.3	28.6	25.0
ドイツの定率法の償却率[4]（％）	30.0	30.0	30.0	30.0	30.0	30.0	30.0

	9年	10年	11年	12年	13年	14年	15年	20年	30年	40年
（日　本）	22.6	20.6	18.9	17.5	16.2	15.2	14.2	10.9	7.4	5.6
（アメリカ）	22.2	20.0	18.2	16.7	15.4	14.3	13.3	10.0	6.7	5.0
（ドイツ）	30.0	30.0	27.3	25.0	23.1	21.4	20.0	15.0	10.0	7.5

(3) 法定耐用年数の算定方式

　法定耐用年数は，原則として，通常考えられる維持補修を加えながらその固定資産の本来の用途用法によって，現に通常予定される効果を挙げることのできる年数を意味する「通常の効用持続年数」であり，そこには，ある程度の一般的な陳腐化は織り込まれているとされている（大蔵省主税局，昭和26年「固定資産の耐用年数の算定方式」）。

§7　減価償却の方法

　税法上認められる一般的な減価償却の方法は，定額法と定率法ならびに生産高比例法であり，これらはそれぞれ次のような算式で表される。

(1) 定 額 法

　償却費が毎年同額となるように，取得価額（C）から残存価額（S）を控除した金額にその耐用年数（n）に応じた償却率（r）を乗じて計算した金額を，各事業年度の償却限度額（d）とする償却の方法を言う。

$$d = (C - S) \times r \quad \text{ただし} \quad r = 1 \div n$$

［設　例］

　　取得価額1,000,000円，法定耐用年数10年の備品を取得した１年決算法人がこの備品を定額法で償却するとする。この場合，残存価額は残存割合が10％であるから100,000円となり，これを取得価額から控除した額に耐用年数10年の場合の定額法の償却率（年率）である10％が乗じられ，減価償却費（d）は

　　　d＝(1,000,000円－100,000円)×10％＝90,000円

となる。なお，税法は，通常の有形固定資産の償却可能限度額を５％としているため，法定耐用年数を経過して90％（900,000円）償却されていても，翌年（11年目）に40,000円の減価償却費を計上できるようになっている。

(2)　定　率　法

　取得価額（C）（２回目以後は，すでにした償却額のうち，それまでに損金に算入されたものを除いた金額（A））に一定の償却率（r）（償却額が毎年一定の割合で逓減することになる償却率）を乗じて計算した金額を償却限度額（d）とする償却の方法を言う。なお，定率法の場合の減価償却費の算定で注意しなければならないことは，残存価額を除いた額に償却率が乗じられる定額法の場合とは異なって，残存価額を控除しない取得原価それ自体に定率法の償却率が乗じられることである。

　　　d＝C（２回目以後はA）×r

　　　ただし　$r = 1 - \sqrt[n]{残存割合} = 1 - \sqrt[n]{\dfrac{1}{10}}$

［設　例］

　　上記の設例を定率法で償却する場合，耐用年数10年の償却率は20.6％なので，次のようになる。

　　　初年度……1,000,000円×20.6％＝206,000円

　　　２年目……(1,000,000円－206,000円)×20.6％＝163,564円

　　　３年目……(1,000,000円－206,000円－163,564円)×20.6％＝129,870円

以下，このように未償却残額に20.6％を乗じて10年目まで減価償却費を計上し，10年目を終わった時点で残存価額100,000円になるように償却率が計

算されている。但し、わが国の税法では、通常の有形固定資産の償却限度額が5％とされているため、法定耐用年数を経過してもなお、減価償却費を計上できることは注意しておかなければならない。

(3) 生産高比例法

鉱業用減価償却資産（注）に限って認められるもので、これは、当該償却資産の取得価額（C）からその残存価額（S）を控除した金額（＝償却可能限度額）を当該償却資産の耐用年数（その資産の属する鉱区の採掘予定年数がそれより短い場合にはその鉱区の採掘予定年数）の期間内の当該鉱区の採掘予定数量（P）で除した金額に、各事業年度の当該鉱区の採掘数量（p）を乗じて償却限度額（d）を計算する償却の方法である。

$$d = [(C-S) \div P] \times p$$

（注）鉱業用減価償却資産とは、沈殿池や大型巻揚機等のように鉱業経営上直接に必要で、鉱業の廃止により著しくその価値を減じるものを言い、他に容易に転用できる自動車や削岩機、事務用機器等は含まない。

［設　例］

ある鉱山の鉱区に1億円で鉱石の巻揚機（耐用年数5年）を設置したが、その鉱区の5年間の鉱石採掘予定数量は5,000,0000トンと見積もられている。今年度にその採掘予定数量のうち1,500,000トンを採掘したとすると今年度の巻揚機の減価償却費（d）は、巻揚機の取得価額から残存価額を控除した額（C）に、巻揚機の耐用年数中の採掘予定数量（P）に占める今年度の採掘量（p）の割合（p÷P）を乗じた額となる。

$$d = (100,000,000円 - 10,000,000円) \div 5,000,000 \text{トン} \times 1,500,000 \text{トン}$$
$$= 27,000,000円$$

(4) 取 替 法

会計理論上の取替法は部分的取替に要する取替費用を収益的支出（「修繕費」）とするので減価償却の方法とは異なるが（連続意見書）、税法上の取替法は、取替資産につき取得価額の50％に達するまで定額法または定率法で償却して以後据え置き、使用に耐えなくなった部分を新たな同種同品質の資産と取り

替えた場合に新資産の取得価額を損金に算入する特殊な取替法で，50％取替法（50％償却取替法等）とも言われる（令49）。税法上，取替資産とは，軌条，枕木その他，多量に同一の目的のために使用され，使用に耐えなくなった部分が毎事業年度ほぼ同数量ずつ取り替えられるもののうち大蔵省令で定めるものをいう（規10）。

取替法は「費消価値」を「時価」に近づけて実体資本の維持を図るが，昨今のいわゆる「情報会計論」では，「費消価値」ではなく「在高評価」が主要な対象になってきている。そのため，「時価」から最も遠い在高評価を示す取替法は，ＩＡＳ第16号も全く考慮しておらず，実体資本の維持は，超インフレ経済下の例外的場合にだけ考慮されるに止まる（F・第110項）。しかし，「修繕費の整理の仕方はまさに取替法以外の何物でもない」[5]。とすれば，わが国の税法が償却法の1つとして示してきている50％取替法の考え方には，取得原価主義を補完する性格もあるわけで，50％取替法は，現代会計理論が捨て去ろうとしている「費消評価」の「時価」への接近を改めて提起しているように思われる。

（注）
1) 渡邊　進『棚卸資産会計』，森山書店，昭和33年，第5章第1節（253頁以降）。
2) 「連続意見書第三」第一・二。
3) Accounting Research Bulletin（アメリカ公認会計士協会・会計研究公報）No.43, Ch.9, Sec.C, par.5, 1953.
4) Hermann／Heuer／Raupach, Kommentar zur Einkommensteuer und Körperschaftsteuer, 19. Aufl., Köln(EK Lfg. 152 Dezember 1986), §7, Amn. 283, S. E170.
5) 岩田　巌『利潤計算原理』，同文舘，昭和31年，78頁。

第3章　時価評価と社会保障

第1節　固定資産の評価

§1　固定資産の減損

　商法は，固定資産について，取得価額または製作価額を貸借対照表価額とするとし，会社の場合は毎決算期に「相当ノ償却ヲ為シ予測スルコト能ハザル減損ガ生ジタルトキハ相当ノ減額ヲ為スコトヲ要ス」（商34②）としている。ちなみに，「相当ノ償却」とは，企業会計原則上，機械設備等の有形減価償却資産（以下，単に固定資産という）に対し，「費用配分の原則によって，……その取得原価を当該固定資産の耐用期間にわたり，一定の減価償却方法によって各事業年度に配分」（「連続意見書第三」第一・一）するいわゆる「正規の減価償却」を指している。したがって，減損による損失の計上は，正規の減価償却を続けられないような事態が生じたときに限られるので，その「予測不能な減損」の範囲が問題になってくる。

　この点で，法人税法は，内国法人がその有する固定資産を評価替えしてその帳簿価額を減額しても損金に算入しないとし（法33①），法人が「一般的な価額低落により評価損を計上しても，その評価損は所得の金額の計算上損金の額に算入しない」としている[1]。そこで，予測不能な減損が生じたときの商法による「相当ノ減額」の要請に対し，税法は，固定資産に次の事実が生じたときは評価損の損金算入を認めるとしている（令68・三）。

(イ) 当該資産が災害により著しく損傷したこと。
(ロ) 当該資産が1年以上にわたり遊休状態にあること。
(ハ) 当該資産がその本来の用途に使用することができないため他の用途に使用されたこと。
(ニ) 当該資産の所在する場所の状況が著しく変化したこと。
(ホ) 内国法人について会社更生法の規定による更正手続の開始決定または商法の規定による整理開始の命令があったことにより，当該資産につき評価替えをする必要が生じたこと。
(ヘ) (イ)から(ホ)までに準ずる特別の事実。

したがって，風水害や火災等による損傷とか，長期にわたる遊休状態で減価償却は認められないが当該固定資産の価額が低下したと認められるような場合や事業供用が著しく遅延する場合（法基通9－1－17）でないと，固定資産の評価損は認められない。ちなみに，稼働を休止していても「いつでも稼働し得る状態にあるものは減価償却資産とされている（法基通7－1－3）。

§2 減価償却の意義と固定資産の除却費

固定資産（＝有形減価償却資産）の減価償却が取得原価の配分（費用配分）の手続によって行われるのは，H. R. ハットフィールドもいうように「機械や工場設備の現在価値を精査によって決定することはできない」[2]からである。したがって，費用配分の結果である帳簿価額が，能率価値を示すものでもなくまた売却価格を示すものでもないのは当然のこととなる。ちなみに，その物理的な効用（例えば航空機の安全性の確保等）は耐用年数に渡って殆ど変わらずその効用（能率価値等）が減少し始めたら残存価額まで急落するし，売却価値の場合は中古となると急減し始めることも多い。この関係を太田哲三教授の図解（第1章注2参照）をモデルに多少デフォルメしてみると次のようにもなるのであって，帳簿価額を売却価値に代替させることは，減価償却の否定ともなってくる。

第3章　時価評価と社会保障　53

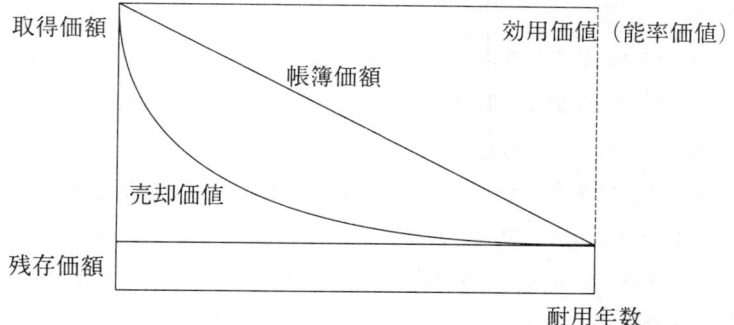

```
取得価額 ┐                    ┌ 効用価値（能率価値）
         │ ＼  帳簿価額        │
         │  ＼＿              │
         │     ＼＿           │
         │        ＼＿        │
    売却価値 ＼       ＼＿     │
              ＼        ＼＿  │
                ＼_____＼＿ │
残存価額 ├─────────────────────┤
                              耐用年数
```

　この点で，国際会計基準第16号（1993年改訂）が，固定資産評価の「標準処理」に回収可能価額（recoverable amount）までの評価減を条件づけ，「個々のあるいは同一グループの有形固定資産項目の帳簿価額は，その回収可能価額が帳簿価額より下落しているかどうかを評価するために，定期的に見直されなければならない」とし，「この様な下落が生じている場合には帳簿価額を回収可能価額まで引き下げる必要がある」（56項）としている。したがって，これは，減価償却（＝費用配分）という考え方とは全く違ってきている。

　もっとも，同基準書も取得原価から減価償却累計額を控除した額を帳簿価額とする処理を「標準処理」とし（29項），再評価は「代替処理」としているに過ぎず（30項），再評価益は損益計算書には計上せず株主持分の中に評価替剰余金として直接に貸方記入し評価益は未実現の評価替剰余金となっている（39項）。したがって，評価替剰余金は，土地等（非減価償却費資産）ではその売却時に利益剰余金に振り替えられて初めて利益となり，減価償却費資産の場合にはその評価替帳簿価額に基づく減価償却費とその資産の当初の取得原価に基づく減価償却費との差額が実現するだけなので（41項），原価主義会計は維持されている。

　しかし，同基準書は，耐用年数到来時の撤去費用や移転費用，復旧費用等の費用化を，次の2つの方法のうち，何れかの方法によるとしている（49項）。
　(a)　当該資産の残存価額の決定では撤去費等の見積原価を控除し，年間の償却費を増額する。その結果生じる「負」の帳簿価額は，負債として認識さ

れる。

(b) 当該資産の残存価額の決定において撤去費等の見積原価を控除されないときは，耐用年数到来時に，そのような原価にかかわる負債が充分に認識されるように別個の費用として認識される。

したがって，撤去費等が予め見積もられている場合，減価償却費に含ませる場合と別個の費用とする場合とが認められているが，両者にはきわめて重要な違いが存在する。固定資産の撤去等はしばしば放置されることもあり，状況によって加減されるこもあって，その見積額が残存価額（residual value）を上回るような撤去費等まで減価償却費に含めることには無理があるからである。

この点で，W・A・ペイトンは，アメリカで1940年代に，多くの企業が建物や設備を戦時から戦後へ転換するに当たって見積った除却費引当金（provision for removal cost）を例に，「別に計上された除却費引当金は，厳密に言えば個々の資産の相殺ではない」ので，その勘定に対する最も合理的な解釈はすべての利用可能な資源に対する評価勘定（contra）と考えることであろうとし，「除却費引当金は既存の設備の使用で必要になる除却費を賄うように暗黙裡に設けられた基金を反映したもの」[3]としている。ちなみに，投下資本（取得原価）として循環する固定資産の減価償却費（価値の移転額）の中にも撤去費等が含まれるのは，「旧建物の除却費は新建物の建設費に含めるべきではない」[4]ことにも由来している。したがって，残存価額までの範囲であれば減価償却費に含めることも可能ではあるが，しかし，撤去等については放置されることもあり得るのであってそれは引当金の対象と考えられ，この点では，国際会計基準が引当金を債務（支払義務）だけに限定してしまったことが問題になってくるように思われる。

この点で，わが国の法人税が認める「有姿除却」（基通 7 - 7 - 2）は，「解体撤去や破砕等に多額の費用が見込まれるために差し当たり解体撤去をせずにそのまま放置するということもあり得る」ことを予定し，有姿除却で損金に算入できる金額は「除却対象資産の帳簿価額からその処分見込価額を控除した金額に限られ……，その除却に要する費用を見積り，これをその処分見込価

額から控除して除却損の額を計上するようなことは認められない」[5]として，「負」の帳簿価額の「減価償却費」化は認めていない。

したがって，国際会計基準がわが国の固定資産会計ではこれまであまり取り上げられてこなかった撤去費等を直接に取り上げた功績は大きいが，しかし，同基準が撤去費等を減価償却費に解消してしまった点には疑問が残るのである。

§3　固定資産の割引現在価値

割引現在価値（割引現価）とは，将来の予想収益（貨幣収入）を利子率で割り引いた現在価値のことで，投資意志決定のための情報会計では，多くの局面で用いられてきている。しかし，その計算因子（予想収益や利子率等）が不安定なためその有効性には問題が多く，これまでは少なくとも利益の算定という局面においては用いられることはなかったのであるが，国際会計基準（IAS）は，資産の減損を認識する一つの尺度としても用いるようになってきている。

すなわち，IAS第36号「資産の減損」は，主に固定資産を対象に企業が所有する資産について，「回収可能価額が帳簿価額より低い場合には，その帳簿価額を回収可能価額まで減額しなければならない」（58項）とする。そして，その減少額を示す減損損失（impairment loss）は，「直ちに損益計算書に費用として認識しなければならない」（59項）とし，回収可能価額は，資産の正味売却価額（net selling price）と使用価値（value in use）のうちどちらか高い金額であるとする。しかし，使用価値については，「資産の継続的使用から得られると期待される見積将来キャッシュフローの現在価値とその耐用年数の終了時の処分によって生じる見積将来キャッシュフローの現在価値（の合計額）」（5項）と定義されていて，継続的に且つ耐用年数の終了時まで利用されることが前提とされている。したがって，その点では物的な損傷や陳腐化，不適応等はあまり意味を持たないことになる。ちなみに，減損は，次のような兆候のどれかが発生すると見積もらなければならないとされている（9項）。

(a) 正常な使用で予測される以上の，その資産の市場価値の異常な低下。
(b) その資産で生産される製品の市場の著しい悪化。
(c) 市場利率または投資の市場収益率の上昇による資産の市場価値の著しい減少。
(d) 企業の純資産の帳簿価額が，企業の株価を超過している。
(e) 陳腐化または物的損害の証拠の入手
(f) 事業の廃止やリストラクチャリング等による当該固定資産の処分計画の決定。
(g) 資産の経済的成果が悪化しまたは悪化するであろうことを示す証拠の入手。

こうして，固定資産の市場価値の低下やその資産で生産される製品の市場の悪化，市場利率等の上昇等も減損の兆候として重視され，株価に反映する擬制資本の急落も入る。しかし，株価などはときに「空売り」を浴びせられて暴落することもあるのであって，このような場合，現実資本（機械設備等）は有効に機能しているので，これにその減損を認めるわけにはいかないであろう。

また，固定資産については，販売が目的ではないからその設置場所等の特殊事情や他社との競争等からも独自の仕様（資本的支出）が施される場合も多く，そのような独自の仕様（資本的支出）が市場価値を有するようになるとは通常は考えられない。そこで，そのような点からも「減損」の認識ではキャッシュフローの割引現在価値による評価が求められるのであろうが，割引現在価値の意味は，退職給付債務の場合とは質的に異なっている。退職給付債務の場合にはすでに提供された労働用役による付加価値が企業（ないしは年金基金）に蓄えられ，これが運用され利益を生むと考えられる点で将来支給額の現在価値への割引も意味を持つが，固定資産の将来のキャッシュ・インフローの現在価値という場合には，その生産する製品はまだ販売どころか生産もされていない点で実現主義を拒否するだけでなく，そこには，需要構造の変化や残存耐用年数の見積などの，固定資産に固有な難しい予測も含まれてくるからである。

ちなみに，この基準書は，回収可能価額を「正味売却価額と使用価値のうち

どちらか高い金額」としているにも拘わらず,「割引現在価値が正味売却価格を著しく超過していない場合は正味売却価格を回収可能価額と見なすことができる」(18項) ともしている。そのため, 割引現在価値が売却価格を「著しく」超過していない場合には, その固定資産を継続して使用する場合であっても正味売却価格によって減損損失を認識することが可能になってくるようである。

ところで, そのキャッシュフローとは, 製品の販売から得られるものである点では売上（時価）に対応する償却（時価償却）を指向すると考えられ, そのような償却だけでは回収できない帳簿価額分が「減損」として認識されるようである。しかし, 投下資本の回収という減価償却の原点に立ってみると, 固定資産がなお事業の用に供されるというのであれば, その部分も残存耐用年数で回収されてよいようにも思われる。とすれば, これを一時に「減損」として計上するというのは政策的な処理と考えられるのである。

§4　キャッシュ生成単位としての固定資産

IAS第37号は固定資産の減損を, キャッシュ生成単位（cash-generating unit）について測定するとし, その単位は, 例えば鉱山とその鉱業活動を支援する私設鉄道からなるともしているので（66項の「事例」), 枯渇資産（鉱山等）と減価償却資産のいわば総合償却となり, そのキャッシュフローとは事業からの収益と同じことになってくる。この点で, 同基準書は, 5つの別個の路線を有するバス会社がそれぞれ最低限のサービスを行うことを条件に市当局から認可された事例（67項の「事例」）も挙げ5つの路線全体を一つの単位とし, その事例では, キャッシュの生成が収益の獲得と同じ次元で考えられている。ちなみに, この事例はアメリカの財務会計基準書121号にも見られ（97項), 資産の評価を個別に行うとする例えばドイツ商法典に見られる,「財産対象物は個別に評価されなければならない」（第252条第1項題3号）とする個別評価の原則とはきわめて対照的な例示になっている。

ところで，固定資産によるキャッシュ・インフローとは，製品等の販売で流入する現金が減価償却費を計上しても流出しないというだけの，現金の滞留である。その意味で，固定資産は価値が回収されるだけで新たな価値を生み出すわけではないから，現金の創出という表現は適切とは思えない。原材料が価値増殖するわけではないように機械設備も費消価値が製造原価になるだけであるからである。その点で，イギリスの財務報告基準書「固定資産とのれんの減損」のように固定資産を「所得創出単位（income-generating unit）」（ＦＲＳ11・27～31項）と解すると，固定資産は償却資産という概念からも離れてくる。有用性は，それ自体で付加価値に転化するものではなく，労働が加えられて初めて給与・配当等の支払いや経営拡大を可能にする付加価値を持つようになるのであって，価値（現金）の入手（実現）と価値を「生み出す」ということとは区別されてしかるべきであるし，いわんや不確定要素が多い「予想収益」の把握で両者を同じことと解すると，投資情報としての価値も限られてくるように思われる。

したがって，同じく現在価値と称されても，固定資産で生産される製品の販売による「未実現キャッシュ・インフローの現在価値」と，すでに付加価値を創造しその製品等が販売されているその収益に対応する「未払給与（＝退職給付）の現在価値」とでは質が異なっているように思われる。

§5　不良債権と過剰設備

昨今の時価会計の主要な対象は，評価益の計上ではなく不良債権の償却や過剰設備の整理が主な対象になってきている。しかし，不良債権の償却や時価が著しく下落した場合の有価証券の減価は従来の損益法（「公正な会計慣行」）の枠内でも対応できるが，過剰設備については，市況の改善（需要の回復等）もあり得る点で，財産法（資産負債アプローチ）への復帰には問題が多い。「過剰」とは需要に対する相対的な概念であって陳腐化や不適応とは性格が異なっており，景気の好転に期待をかけ何時でも事業の用に供することができるよう

に手入れしている場合には，減価償却の対象と考えられるからである。したがって，継続企業の前提に立って期間損益計算を行っている場合に，正味売却価格ないし「精算価値」[6]を見積もってその使用価値（将来キャッシュフローの現在価値）と比較し，使用価値の方が著しく超過していると信じる理由がない場合は「精算価値を回収可能価格とする」ということは，期間損益計算の成立によって必然化した固定資産という概念の属性に抵触するし，そこでは，継続企業という仮定も揺さぶられてくるように思われるのである。

ちなみに，これも，国際会計基準では「財務諸表は投資家を照準に作成されるべきとの立場」[7]に立つとするためであろうが，国際会計基準も，財務諸表が従業員やその代表者グループ，企業活動の規制及び課税政策の決定等で関心を有する政府や監督官庁，公衆等への有効性も求めている以上（F・第9項），その利用者を投資家だけにしぼるわけにはいかないように思われる。

第2節　金融資産の評価

§1　金融商品と時価会計

「金融商品に係る会計基準」（企業会計審議会，平成11年1月22日）は，売買目的で保有する有価証券やデリバティブ（金融派生商品）には時価（＝「公正価値」）を付するとしその評価差額も損益に算入するとして，何時でも現金に替えられる金融商品については「時価会計」を適用することとしている。しかし，子会社株式や関連会社株式については取得原価を貸借対照表価額とし，満期保有目的の社債その他の債券（満期保有目的の債券）についても取得原価（ただし債券金額より高くまたは低く取得した場合は償却原価法を適用）を貸借対照表価額とし，債権（受取手形，売掛金，貸付金等）や市場価格のない社債その他の債券の貸借対照表価額は原則として取得価額から貸倒引当金を控除した金額とし，金融負債（支払手形，買掛金，借入金，社債等）の貸借対照表

価額も債務の額（社債は社債金額）としている。子会社や関連会社の株式は売却するとその企業関係が消滅するため「売る」わけにはいかないからであるが，子会社株式を時価評価するわけにはいかないことは，企業が事業部等を切り放して子会社とし，その分社化によって取得する株式を圧縮記帳することにも現れている。この点で，法人税法は，現物出資を行った場合について次のような規定を有している。

§2 特定の現物出資により取得した有価証券の圧縮記帳

　固定資産の再評価差額（評価増額分）や資本的支出に充てるための国庫補助金，や保険差益などは「利益」として課税される。そこで，税法は，その額だけ固定資産価額を圧縮して課税の延期を認めるとともに，それとまったく同じ論拠から特定の現物出資（以下，特定出資と略。）によって取得した有価証券（株式等）にも圧縮記帳を認めており，これは，金融商品会計基準が子会社や関連会社の株式の評価基準を取得原価としているのとまったく同じと考えることができる。

　すなわち，「特定出資」の圧縮記帳とは，法人がその一部門を別会社として独立させるために特定出資を行い，自らがその株式等の大半を所有する新たな法人（人格のない社団を除く）として設立する場合に，その法人（子会社）の株式等を，特定出資で生じた差益金の範囲内で損金経理を前提に圧縮記帳できる，というものである（法51①）。

　税法上，現物出資も資産譲渡の一形態であるから，その出資時の時価と帳簿価額との差額は資産の譲渡益（キャピタル・ゲイン）として課税される。しかし，特定出資は経営の効率化等のためのいわば会社の分割に過ぎないから，これによってキャピタル・ゲインが実現したものとして課税することはゴーイング・コンサーンとしての法人の継続性を侵すことになる。そこで税法は，次のような要件を充たす場合は特定出資によって取得した有価証券の圧縮記帳を認めている。

①　新設の法人であること。ただし，予め金銭出資で法人を設立しておき，その設立後に土地や建物等の現物をその法人に譲渡するいわゆる変態現物出資の場合にも，一定の条件を前提に認めている（基通10－7－1）。
②　その出資によって，新たに設立した法人（子会社）の設立時の発行済株式総数（または出資金額）の95％以上を所有すること。
③　特定出資法人以外の出資者が設立時に払い込んだ1株当たりの金額が，特定出資法人の払い込んだ1株当たりの金額よりも著しく低くないこと。
④　新設法人（子会社）が，特定出資された資産について，その出資直前の帳簿価額以下の金額を受入価額としていること。

圧縮限度額は，特定出資により取得した株式等の時価の合計額から，特定出資資産の出資直前の帳簿価額（特定出資に要した金額を加算）を控除した額である（令94）。ちなみに，特定出資の圧縮記帳は，投下資本が資本として機能しているかぎり，その評価益を計上することが困難であることを示している。

§3　持合株式の時価評価

子会社株式とは異なり，わが国の法人所有の株式を特徴づけるいわゆる持合株式（＝関係する企業間で相互に持ち合っている株式）を主な内容とする「その他有価証券」（以下，「持合株式等」と略）について，金融商品会計基準は，時価を貸借対照表価額とすることにはしているが，評価差額については，洗替え方式に基づき次のいずれかの方法で処理するとしている（第三・二・4）。
(1)　評価差額の合計額を資本の部に計上する。
(2)　時価が取得原価より高い銘柄の評価差額は資本の部に記入し，低い銘柄の評価差額だけ当期の損失とする。

したがって，持合株式等については，その評価差益を損益計算上の利益とはしないで，貸借対照表の資本の部にだけ直接計上（いわゆる「資本直入」）する方式が取られたが，それは，企業集団の結合を維持する目的の投資であり，その点では棚卸資産や固定資産と同じように「資本として機能」しているので

何時でも売れる現金同等物ではなく，時価で表示する必然性も乏しいからである。この点，売買目的で所有する株式の場合には，それが実体（現実資本）から遊離した「擬制価格」であり，その評価差益を処分（配当，課税等）しても，「現実資本」の維持は損なわれない。けだし，例えば擬制資本市場におけるそれも何カ月も先の予想価格によって値上がりすれば「安く」買い取れるコール・オプションや値下がりすれば「高く」売れるプット・オプションのような権利の売買などは賭博的な要素が強く少なくとも事業会社がこれにのめり込むような事態はあまり正常ではないから，そのような投機は遊休資金の流用程度に止まるのが普通と考えられ，そのような取引による利益は処分しても通常であれば現実資本の循環にはさほど障害になるとは思えないからである。ちなみに，正味の債権や債務の時価の変動で保有者が利益を得または損失を被るデリバティブ取引に事業会社が参加することは株主から預かった資本を事業とは関係のない投機へ「流用」することでもあるから，その時価を開示して責任を明らかにしなければならないであろう。

そこで，商法も持合株式等の評価差益も含めてその時価表示は認めたのであるが，しかし，時価表示による純資産の増加額は配当可能利益から除外してしまった。そして，「単に評価益とはせずに，『時価を付したことにより増加した貸借対照表上の純資産額』を付したのは，いわゆる税効果会計の導入によるものである」[8]とされ，ここに，税効果会計は持合株式等の評価益にも適用されることになった。そのため，資本直入による株主持分増加の公表効果それ自体は洗い替えられることにはなっているが，「処分不能」なはずの評価差額に税効果が意識されるという奇妙な現象が生まれ，貸借対照表の貸方は，繰延税金債務だけ未実現評価差額（＝「利益剰余金」）が減額されるようになっている[9]。

この点で吉牟田教授は，「税務上は，この"その他株式"については，原価法を適用し，資本直入も評価損の計上も認めず，評価損益の計上はなかったものとすることが適当かとも思われる」[10]とされ，利益の概念を資本と峻別して追求する税法の立場では「資本直入」という議論が無理なことを示されたが，この点は，平成12年度の税法改正で新設された有価証券に対する時価法の適用

第3章 時価評価と社会保障 63

が売買目的有価証券だけでそれも「短期的な価格の変動を利用して利益を得る目的の有価証券」に限られたことにも表れている（法61の3①）。ちなみに，有価証券の時価評価は一般企業の場合，有価証券の売買を頻繁に繰り返している企業を除けばあまり関係なく，その適用は有価証券の売買を業とするいわゆるトレーダーが主な対象となり，持合株式等に対しては低価法は廃止され原価法が適用されることになる。けだし，「上場株の3分の2が法人同士の持ち合いになっているわが国の状況においては，法人所有の株式は売れない」し，「せいぜい，同じグループ内の企業間で受け皿を変えるか，クロス取引を使うしかない」[11]からである。クロス取引とは「1つの証券会社が，同一の銘柄について同量の売り注文と買い注文を出す」取引のことで，これによって「自社の注文同士をマッチさせ，希望する価格で取引を成立させることができる」[12]。ちなみに，クロス取引になるのは「企業が保有する大量の株を売りに出せば，株価が暴落するのは眼に見えている」（同上）からで，わが国の証券市場では，企業が保有する株式を時価で売却しようとしても売るわけにはいかない場合が多い。

　もっとも，銀行と事業法人別の「銀行株及び事業法人株に対する持株比率の推移」では'88年度と較べた'97年度の比率は，銀行の有する事業法人株では16.5％から15.1％への低下に止まっているが，事業法人の有する銀行株の割合は44.7％から40.2％への低下になっているとする報告もあり[13]，この動向は，厚生年金基金に対するいわゆる有価証券の現物拠出の中に持合株も含められることで，さらに進展するようにも思われる。けだし，基金に拠出される場合には，その「処分」は基金の裁量になるからである。もっとも，この持合株の拠出については「企業によっては……売却なども企業の方針によって決定したいという声も聞かれる」[14]ようで，直ちに持合株の解消に進むとは言えないかもしれない。

　しかし，平成11年に入ると第一勧業銀行，富士銀行，日本興業銀行の事業統合が報じられ，この場合には非財閥系で中立色が強いが続いて合併に向けて全面提携することで合意した住友銀行とさくら銀行の場合には，「住友・三井と

いう旧財閥グループが融合する意味で，これまで再編の中で色分けされてきた旧財閥，非財閥という枠組みも意味を失う可能性もあり，……産業界にも大きな影響を与えそうだ」ともされている。もっとも，その再編成の方向については，「最も結束力が強いとされる三菱グループに対抗する有力な企業集団が形成される可能性もある」[15]ので，その点では企業集団が巨大化するだけで株式を相互に持ち合って資産と資本を膨らませる「資本の空洞化」という構造[16]にはあまり質的な変化は期待できないように思われる。

とはいえ，1999年には，東京・大阪・名古屋の3証券市場1・2部における「年初から12月17日」までの株式の売却金額から購入金額を引いた売り越し額は，「事業法人で約2兆千億円，銀行（信託銀を除く都長銀・地銀ベース）で2兆千6百億円で合計4兆円台に達した」とされ，「有利子負債削減を急ぐレナウンは，メーンバンクの住友銀行など保有する計4行の株式すべてを7月末までに売却。興亜石油も東京三菱銀行などの持ち合い株すべてを処分し，早期退職金支出をまかなった」など，「企業，銀行ともにリストラクチャリング（事業の再構築）のため収益性の低い株式の処分を続けているほか，会計基準変更で2年後に持ち合い株式を時価で評価せざるを得なくなる」ことから，「企業と銀行の間の株式持ち合い解消に拍車がかかっている」ともされている[17]。ちなみに，こうした売りは，「外国人投資家や個人投資家が吸収している」とされ，また，来年も持合株解消の売りは「保険会社の保有株売却も含めた計算で，今年より1兆円程度増える（大和総研投資調査部）との見方も出ている」という（同上）。こうして，わが国の株式市場は，これからの急成長が見込まれているわが国の年金基金を吸収する急展開が期待されている。そして，年金基金のモデルには，世界の投機資金の源泉の一つでもある1985年に約1兆ドル強とされたアメリカの年金基金の，1990年に約1兆8千億ドル，1995年に約3兆ドル強，2000年には約4兆7千億ドル強と予想されているその急拡大が挙げられている[18]。

しかし，老後の引退生活の拠り所を単なる「他方の損失」の上に成り立つ「富の移転」に求めるのではなく，「ほんらいの付加価値」に求めるとすれば，

退職給付の在り方にはあまり「投機」には比重をおかない方向も考えられてよく，社会保障の視点も重要になってくるように思われる。ちなみに，その「他方の損失」が例えば発展途上国など金融危機に陥る可能性のヨリ高い国々等の負担ということになるとすれば，グローバル時代の今日，この点はきわめて深刻な問題になってくるように思われる。

第3節　公的年金の役割
―厚生年金の代行制度を中心に―

§1　問題の所在

　わが国の公的年金である厚生年金は「修正積立方式」とされているが，厚生年金の一部を代行する厚生年金基金（以下，「基金」と略）の場合には企業年金として「完全積立」が要請されるが，厚生年金本体（政管）においては保険料率の急激な上昇（掛金の急増）でもないと枯渇せざるを得ないようになっている。ちなみに，その「積立」の要請は厚生年金の財政を困難にしその民営化論も生んでいるが，「基金」の方は厚生年金の代行制度によって厚生年金本体が「得べかりし利差益」を享受してきているので，代行制度をそのままにして民営化すると，企業年金の恩恵に浴さない1,000万人余の加入者はもちろん，「基金」の恩恵に浴しない2,100万人の加入者はその犠牲になってしまう。そこで，本節では，これらの人々の老後の所得保障も視野に入れて退職給付会計を考えるために，わが国の企業年金については避けて通るわけにはいかない「基金」による代行制度の問題点を明らかにしておこう。

　さて，公的年金を2階建てとしている先進国では基礎年金は居住だけを条件とする税法式が大半であるが，2階部分（報酬比例年金）は社会保険として拠出原則が支配しておりその租税的な性格は殆ど問題にされていない。しかし，保険への拠出であってもアメリカの内国歳入法典第21章連邦保険拠出法（Federal Insurance Contributions Act) は社会保障税 (Social Security and Hospital Insurance Taxes) を課しておりそのうちの老齢遺族障害保険 (Old-age, Survivors, and Disability Insurance) に対するOASDI税は上限のある比例税 (1990年以降6.2%) であり[19]、これらは給与の一定割合として課される税を意味する"payroll tax"であって社会保険税や給与税とも訳されている[20]。もっとも、アメリカの老齢年金が当初、「連邦直轄で、保険料を支払賃金額の1%から3%まで漸増する率で、雇用主には『消費税』、被用者には『所得税』の名目で双方同額になるように1936年末から課された」[21]のは「違憲性をまぬかれるため」[22]とされ、「連邦課税権にもとづき労使の年金保険料を徴収し、それと年金給付とを別建てとする」[23]ことにしたものとされている。したがって、その当時は「それと民間保険との類似性がかなり強調された」のであるが、しかし「社会保障制度が成熟してくるともはや保険アナロジーは適用できない (ようになり)、現在の受益者は、グループとしては、彼らが支払った租税とその合理的な収益の和を大幅に上回る額の給付を受ける」[24]ようになっている。とすれば、老齢年金に課税権が行使できたということはその「租税」的な性格に由来していると考えられるので、「保険料の拠出」ということだけでその租税に近い性格を否定するわけにはいかない。そこで、まず、厚生年金がその給付の一部を厚生年金基金 (以下、「基金」と略) に代行 (以下、「代行」と略) させ、「基金」に代行部分も「完全積立」させることが、厚生年金の財政方式を積立方式の単なる修正と見る「修正積立方式」なる概念を定着させ、厚生年金保険料を租税とは異なる次元で捉える議論を支えていることを問題にしてみよう。

さて、代行給付の原資 (免除保険料) は賃金上昇の恩恵にあずかるが、代行給付は賃金再評価前の水準に固定的でもあって、この点も代行部分の「完全積立」を容易にしたはずであるが、その運用益が予定利率 (5.5%) を下回るようになると様相は一変して既存の積立金に食い込み、なお不足すれば本来の企業年金の積立金も侵食するようになってくる。ちなみに、厚生年金の「本体」(以下、「本体」と略。) は、保険料率の上昇にも拘わらず賃金再評価や物価ス

ライドによって「賦課方式」化してきている。そこで，近年はこれを「完全な積立方式」に変える「民営化」を指向する議論が多くなってきているが，民営化されると，強制加入や定率制等に示された「社会性」[25]や被用者全員による「助け合い」という「保険性」は失われてくる。

　この点で，企業会計審議会が，代行部分が厚生年金の「本体」にあれば有していたはずの「社会性」の面を考慮しないで，「代行」給付を後払給与と規定し「代行」部分にも本来の企業年金の部分と「同一の会計処理を適用する」（「退職給付に係る会計基準の設定に関する意見書」，平成10年6月16日）としたことには疑問が出てくる。というのは，厚生年金は企業の盛衰に関係なく被用者全員による「助け合い」であり個別企業の「給与」という枠をはみ出しているからである。ちなみに，代行給付も後払給与とするため，近年の運用利回りの低下は，「基金」の退職給付債務を増大させ，いわゆる「隠れ債務」を膨大にしてしまっている[26]。すなわち，厚生省が発表した平成8年度の「基金」の事業概況によると，「基金」全体の責任準備金の総額は43兆2,700億円であるが資産総額は42兆6,100億円で6,600億円足りず基金全体（基金数1,883）として初の赤字で，黒字基金数は640基金に激減し，積立不足基金数は1,040基金に激増している[27]。

　ところで，「基金」についてはしばしば特殊法人である点や掛金の強制徴収権を持つ点等から「公的性格」[28]が指摘されてきているが，その設立が任意なことはこれが基本的には企業年金（私的年金）であることを示しており，「設立が任意の企業年金は基本的に各企業の労使のもので，『企業間の助け合い』は通常（は存在し）ない」[29]。そこで，「企業年金」に組み込まれると，被用者全員の連帯という性格は，希薄になるが完全に無くなるというわけにはいかないであろう。けだし，「代行部分の給付水準は（厚生年金の給付水準として）国会で議決されるものであり，剰余が発生しても標準掛金の引下げには使用できず，経営者は，このような代行給付の制度が経営者の（あるいは企業年金の当事者である労使の）意思を反映する企業年金制度であるとは見ていない」[30]からである。

また，近年のように運用利回りが低下してくると，「代行」部分に対する「完全積立」の要請は，一方ではプラスアルファー部分の積立金も蝕み始めるのであるが，同時に他方では，厚生年金を，全体として再び「自分が将来もらう年金を現役時代に積み立てる方式に変える」[31]とする要請の重要な基盤にもなってきている。

§2 厚生年金の積立金

厚生省が発表してきている厚生年金の年度末積立金は，厚生年金の本体にある積立金ではなく，厚生年金基金にある代行部分の積立金を含んでいる。すなわち，村上 清氏が「総理府社会保障制度審議会第2回年金数理部会セミナー参考資料」等に基づいて試算されたところでは，厚生年金「本体」にある積立金は2020年度にはマイナス17.3兆円，2025年度にはマイナス46.5兆円になるが，基金における代行部分の積立金は，2000年度は38.6兆円，2005年度58.6兆円，2010年度86.1兆円，2015年度112.9兆円，2020年度171.5兆円，2025年度235.3兆円となるという[32]。そこで，本体の積立金は少なくとも2020年までには枯渇するので，その時点で基金制度をそのままにして本体が給付の支払を続ければ「保険料率を大幅に引き上げるしかない」が，しかし，基金においては代行部分の積立金が増え続ける以上（代行部分の積立金は基金の年金資産中50％を超える（ただし，2015年だけは49.2％），そのような状況下で基金を持たない職域の加入者に対してまで保険料率アップを迫るわけにいかないであろう。とすれば，基金にある代行部分の積立金を本体に戻す必要が生じるが，これは「代行制度の終結」であるから，このようになる前に代行は早急に本体に返上しなければならないであろう。けだし，本体は既に代行制度によって約2兆円も損害を蒙っているようで[33]，その被害は，企業年金制度の設立や維持が難しく「本体」だけが頼りの零細・中小企業等で働く加入者に及ぶからである。

ところで，同氏は，厚生省の「厚生年金の収支見通し」を分析しながら，昭和60年の財政再計算の結果を示す「表」においては"注記"されていた「厚生

年金基金が代行する部分を収入・支出の両面で含んでいる」という記載が、どうゆうわけか次の平成元年の改正時からは消されたことを指摘し、情報の公開に逆行すると批判されている。ちなみに、同氏は、この点についての「ある人の言」として「(厚生省の「厚生年金の収支見通し」)表の積立金は、基金による代行がなかりせば厚生年金が保有する額」とされたことを引用しているが[34]、この「引用」は、厚生年金の財政方式がたとえ「修正積立方式」と称されていても、「積立方式」の本質を備えているのは実は、企業年金に組み入れられた「代行部分」の方に過ぎないことを明らかにしている。

§3　厚生年金の賦課方式への移行

　基金が解散する場合は、「連合会」(＝厚生年金基金連合会)が、いわゆる「非継続基準」に基づく最低責任準備金を徴収して年金支給義務を引き継ぐ。ところが、最低責任準備金の掛金率の算定では「開放基金方式」が使われ、その算定基準は従来は代行部分だけに適用されていたが1997年度からはプラスアルファー部分にも「最低積立水準」として適用されるようになり、その算定においては、「これまでの加入実績、死亡率および予定利率のみが用いられ、今後の掛け金拠出は想定されていない」[35]。ちなみに、その財政方式は、一般の企業年金で用いられる加入年齢方式や総合保険料方式(→現在の加入員と受給者からなる集団の範囲内で収支バランスがとれるように掛け金率を計算する方式)とは違って「今後加入してくる加入員も含めた将来に向かって開いた集団を対象に収支バランスを図る」ため、「掛金収入現価は他の方式よりも大きな値となるので、責任準備金は小さく評価される」。したがって、「この責任準備金に見合う積立を行う解放基金方式による財政状態は、加入年齢方式や総合保険料方式の場合よりも積立レベルは低いということになる」[36]から、将来の加入員数が減少するようになると積立不足が生じてしまうようになっている。

　また、代行給付の額は「被保険者であった全期間の平均標準報酬月額の1,000分の7.5に相当する額に被保険者期間の月数を乗じて得た額」として決められ

ているが（厚生年金保険法第43条），この比率は昭和61年4月の年金改正以前は1,000分の10であったもので，「その当時の標準的な退職者が30年加入で従前報酬の30％の年金だったものを，将来，標準的な加入年数が40年になっても30％の水準に止める」[37]ために漸減させたものである。ちなみに，基金には「国の強い監督・規制がある」[38]し，社会保障の一環として「代行部分については，最終的には国に給付責任がある」[39]から，「事業主は保険料のうち事業主負担部分の支払義務以外の会計上認識すべき債務は存在しない」[40]と考えられる。とすれば，基金が解散の止むなきに至ったような場合の積立不足の徴収については，例えば国の監督責任を計数化して部分的に減免するような試みなども考えられてよいように思われる。

ところで，代行部分に係る最低積立基準額の計算には「本体」の基準で用いる基礎率が用いられその予定利率は5.5％で，「基金」のプラスアルファー部分に係る最低積立基準額の予定利率の方は超長期の元本及び利回りが保障されている資産の期待収益率を考慮し，短期的な変動を避ける観点から5年間の平均を0.25％単位で端数処理した20年国債が用いられる（「平成9年度は4.75％」）とされているが[41]，最近の長期利率の低下は実際の「退職給付債務」を激増させ，プラスアルファー部分に係る積立金も代行部分に食い込まれざるを得なくなってきている。そこで，厚生省年金局長の私的研究会「厚生年金基金制度研究会」は，「厚生年金本体の運用利回りが予定利率を上回った場合には，代行部分が厚生年金本体にあったとしたならば生じたであろう利差益相当額を基金から厚生年金本体に移管し，逆に，厚生年金本体の運用利回りが予定利率を下回った場合には，代行部分が厚生年金本体にあったとしたならば生じたであろう利差損相当額を厚生年金本体から基金へ移管する」としているが[42]，厚生年金に5.5％という予定利率が長期的には「困難と感じ」[43]られる昨今，そのような「基金」への移管は，「本体」の積立金を急減させざるを得ないであろう。ちなみに，しばしば言われるように「厚生年金として受け取る額のうち，現在だいたい半額が代行部分になる」[44]とされても，実は代行給付の額は再評価やスライド後の厚生年金の総額から控除されるようになっているため年金総額が

増えれば増えるだけ減じる仕組みになっており，代行給付の割合は受給期間の経過とともに僅かになっている。

ところで，「基金」に生じる積立不足は，大企業に多い単独型や系列企業同士で設立する連合型の「基金」の場合にはスポンサー（企業）が負担できる場合も多いであろうが，中小零細企業に多い「総合型」の場合，事態は極めて深刻になってくる。1994年の日本紡績業基金の解散に見られたように，「基金」全体の積立金が「プラスアルファー部分」の積立金どころか「代行」部分の積立金にも不足し，「解散」しようにもその不足金を埋めなければ「連合会」は加入員を受け入れないといった事態も生じてくるからである。

もっとも現在のところ，厚生年金の「積立度合」（＝準備金÷年金給付総額）は5倍を超えているがこの数字には実はかなり問題があり，1996（平成7）年度の「厚生年金の財政見通し」の積立度合いは2010年で3.7倍，2030年でも3倍，2060年で2.2倍となり以後「2年分程度で安定する」[45]とされているが，その年度末積立金には代行部分の積立金も含まれているし，保険料率も急速な引上げを予定して積立度合いを高めただけに過ぎないからである。ちなみに，アメリカの1997年度末の連邦老齢者遺族保険信託基金の残高（5,679億ドル）は同年の支出総額（3,185億ドル）の1.78倍であるが[46]，これは天災等の異常事態に備えるもので賦課方式を拠出金の枠内で維持する範囲と考えられ，賦課方式以外の何物でもないように思われる。

§4　公的年金の役割

厚生年金の支給年齢が繰り下げられる一方，企業年金では有期年齢（10年）が多い現在，いわゆる「防貧（→国家責任による生活保障）」[47]の砦である公的年金の意義はきわめて大きい。そこで，その水準は昭和60年の年金改革ではグロスで「現役の賃金水準の69％」とされたが[48]，その割合を税金や社会保険料等の諸控除を引いたネットで考えネット所得に対する公的年金の代替率を現在の70％から2030年までに64％まで切り下げるとしているドイツの場合[49]なども

参考にしてみると，わが国の場合も，厚生年金だけに依存する１千万人余の加入者などの場合，ほぼ３：２程度の割合[50]は確保されなければならないであろう。

しかし，このような割合の維持もインフレ等に直面すれば拠出した掛金とその運用収益だけで年金を賄うことはできないから，公的年金では公的に管理され源泉徴収される賦課方式（payroll-tax-financed-PAYG system）が必要となってくる。ちなみに，ＰＡＹＧ（pay-as-you-go）とは，所得税では源泉課税を指し年金制度では非積立で支払う方法のことで[51]，イギリス所得税（Sch. E）上はＰＡＹＥ（pay as you earn　源泉課税）が用いられている[52]。そこで，２階部分の掛金も資本市場（株式投資等）に充当することを期待し，世界銀行はその完全積立と私的な管理を求める「積立（mandatory privately managed funded pillar）化」を要請しているが[53]，しかし，投資としての利回りの追求ということになると，例えば1998年のロシア危機をきっかけとした世界的な金融市場の混乱では「運用巧者」のはずのヘッジファンドさえも大打撃を受け，「ジョージ・ソロス氏やジョン・メリウェザーが率いる著名ファンドが20億ドル規模の損失を出し，タイガー・マネージメントも６億ドルの損失を出した」[54]とされたような，投機に伴う危険性も考えておかなければならないように思われる。

ところで，"３：２"程度の水準の実現にはもう一つ，旧国鉄共済の厚生年金への吸収のような財政単位の拡大という，公的年金制度のいっそうの一元化が必要になってくる。そして，「一元化」が更に進めば社会保障税のような方向も考えられる。ちなみに，アメリカの社会保険税の連邦税収に占める割合は1960年当時はまだ20％未満であったが今や連邦税収総額の３分の１を超え[55]，上限（1998年では68,400ドル以上の賃金には課されない。）のある比例税（1990年以降は6.2％）ではあるが，間接税でない点は注目しておいてよいことかもしれない。けだし，わが国の「所得税収の対国内総生産比率は経済協力開発機構（ＯＥＣＤ）のうちの先進20カ国中最低」で「日本では個人所得税の国税に占める割合自体が低い」ので，「高齢化向けの財源として，累進的な所

得税を充当する余地は十分ある」[56]と思われるからである。

§5　問題の提起

①　厚生年金は「企業や産業の盛衰に関係なく，[被用者]全員の連帯の中で，ひとりひとりがつねに確実に保障される仕組み」であるから，「一元化された一つの財政単位の厚生年金から，職場ごとの小集団が，自らの利益を求めて抜け出」す代行制度は，「一元化とは明らかに逆行する」[57]。ところが，最近は，「代行給付と企業独自の給付を企業年金として一体的に管理・運営する方向で検討するのが適当であろう」とされ，適格退職年金については，「公の役割を縮小し，民の役割を重視する」視点から，「老後所得保障のシステムとしてふさわしい内容をもつ企業年金制度に統合する」[58]として内容的には代行部分を本来の企業年金に融合する「基金」への統合も提言されている。しかし，このような「統合」は，せっかく「一元化」した社会保障の仕組みを分断し，公的年金の一部を金融商品市場のボラティリィティに委ねる点でケインズの言う「賭博場（カジノ）の活動」に近い「投機の渦巻きの泡沫」（「雇用・利子および貨幣の一般理論」，1936年，12章）に近づける危険も伴う[59]。とすれば，「代行部分」までも金融商品市場に委ねる資産運用規制の廃止には問題もあり，この点では例えばアメリカの連邦老齢者遺族信託基金のように，運用先を合衆国の国債または元利双方について合衆国の保障した債務証書に限定する規制[60]も，各人の属する企業が衰退した場合の最低の「保険」として必要になってくる。

　そこで，そのような視点から老後の生活保障のいわば砦でもある現在の厚生年金保険制度を考えてみると，その主要な論点は，代行給付の原資までもそのような「危険」に晒すのがよいのか，あるいは企業や産業の盛衰に関係なく加入員全員の「助け合いの仕組み」として存続させるのが良いのかということになってくる。そこで，まず「代行の本体への返上」が要請され，厚生年金の賦課方式化はいっそう促進されて，その実態はさらに租税に近づい

てくると考えられる。

② 修正賦課方式とか修正積立方式という呼称は「状態を表しているだけで，理論的には賦課方式と積立方式の二つしかない」[61]と考えられる。ちなみに，ＯＥＣＤによる年金財政方式の解説でも未成熟段階の積立方式（funding）と成熟して不況やインフレに耐えられる賦課方式（pay-as-you-go）が挙げられ，その中間にノルウェーの場合の剰余金積立型の賦課方式（pay-as-you-go with funding of surpluses）が置かれているが[62]，わが国の厚生年金の財政方式はこのノルウェーの型に当たるように思われるからである。その意味で，厚生年金の財政方式については，むしろ「源泉徴収的（実態的には「源泉課税」的）方式」と称した方が，世界銀行の提言の趣旨にも適うように思われる。けだし，如何に拠出（contribution）と呼ぼうとも「殆どの人は強制的な支払いが税金であることを知っている」し[63]，世界銀行の提言の趣旨が賦課方式では資本の調達に貢献しないという点にあることからすれば，その財政方式は，拠出金（保険料）をその年度の給付に充てる「源泉徴収的方式」かあるいは株式投資等に充当する「積立方式」かと対比した方が実態に即しているからである。ちなみに，厚生年金保険料引上げの凍結は「賦課方式」化を促進しており，公平性の確保から自営業者等も含む全勤労者を対象とする一元化も視野において，さしあたっては「源泉徴収的方式（→賦課方式）」の方向で代行を返上しなければならないように思われる。

③ この点で，厚生年金基金連合会による第21回年金財政講座「企業会計基準と基金」の基調報告（五十嵐則夫・青山監査法人代表社員）が，「代行部分の利差損を含めて企業が負担していることと年金資産は代行部分と加算部分が一体として運用されていること」などから代行部分は退職給付債務に含められたとした点に対して，「①企業が代行部分を企業の債務として捉えているのか疑問，②利差損の負担の仕方は基金の規約による，③年金資産は代行部分と加算部分に分けて運用することも可能，④企業財務の比較の観点から，基金制度を持っている企業と持っていない企業とで債務の範囲が異なっていては公平な比較にならない」（丸田　宏・日立製作所財務部長代理）等の批

判が相次いだと言う[64]。

④ ところで，1999年4月29日付の日本経済新聞は，主要上場企業を対象とした同紙調査（128社回答）で，現時点で確定拠出型年金の導入を予定している企業が19％，検討を進める企業が50％と上場企業の6割が確定拠出型に「前向き」と報じている。確定拠出型にすれば，運用成績が悪くてもコストは増えず，「膨大な隠れ債務」も惹起する退職給付債務に脅えることもなくなるからであろう。しかし，「確定拠出型」になると加入者（従業員）は自己責任で運用するので生活保障的な機能は後退するから，厚生年金の意義はさらに強まってくる。ところが，厚生年金の本体は代行制度によってすでに約2兆円も「損害」を蒙っているようで，その被害は，企業年金制度の設立や維持が難しく「本体」だけが頼りの零細・中小企業等で働く加入者に及ぶし，また，1999年の厚生年金の改正案で示された「報酬比例部分の給付水準の5％抑制，報酬比例部分の段階的な引き上げ，60歳台後半層への在職老齢年金の導入」[65]などの要請においても，この「2兆円」の損害などはまったく考慮されていない。ちなみに，「基金」と並ぶ代表的な企業年金で主に中小企業に導入されている「適格退職年金」（従業員15人以上で設立できる。）の1998年度の減少数は過去最多の3,263件で加入者数も前年度より17万人少ない1,029万人になっているが[66]，倒産等でこの制度が廃止された場合，彼等（加入者）は勤続年数に応じた一時金しか受け取れず，受給資格を得ていない若い従業員はその一時金さえ受け取れない。したがって，彼らへの影響を出来るだけ抑えるためにも「代行」の「本体」への返上は不可欠であり，この点は，確定拠出型の展開でも前提とされなければならないであろう。

ちなみに，「確定拠出型」年金の導入では「日本版401kのシステム開発で，三菱・住友，日本興業銀行2大金融グループ間の攻防が加熱している」[67]ようで，企業側も例えば富士通は，「（1999年）4月から新入社員を対象に退職金の前払い制度を導入したほか，厚生年金基金の従業員拠出部分を運用実績連動型に切り替える方針を打ち出している」[68]。

⑤ また，厚生，大蔵，通産，労働の四省は，2000年秋から導入する予定の確

定拠出型年金による資産運用について，株式や債権は上場・公開している銘柄に限定し，不動産や美術品などの購入は認めず，また，母体企業の株式を購入する際には，「労使間で定める規約などで従業員による自由な売却を保証していることを条件とする」[69]という。しかし，プロに近いとも考えられる大手証券会社の社員が自分の会社の倒産寸前の事態も把握できずにその株価下落を好機到来とばかりに退職金の大半を前借りして自社の株式を購入したとされる山一證券社員の例[70]は，如何に「従業員による自由な売却」が保証されても一般の従業員が自分の会社の経営実態を必ずしも知り得るわけではないこと，したがって，企業年金については一般的には公的年金を補完する地位に止まるものであることも示していると考えられる。ちなみに，このような現実はまた，社会保障的な性格も有する公的年金については出来るだけ投機資金の影響を受けないようにしておくことが必要であり，その要請に応える重要な一環こそ「代行」の「本体」への返上であることも示していると考えられるのである。

⑥ ところで，厚生省も遂に「代行制度」の難点は認め始めたようであるが，しかし，代行なしの基金については，「受給権保護の仕組みや税制上の位置づけなど一から制度をつくる必要がある」とし，「企業年金全体の話を抜きにして，つまみ食い的代行返上を認めることはできない」としている[71]。しかし，受給権保護については確定拠出型の導入でその意義は次第に薄れざるを得ないし，最も保護されるべき「本体」の方は，「得べかりし利差益約2兆円」を失っている。とすれば，現在の厚生年金保険料17.35％では「約束している給付の6割しか賄えず，あとの4割は保険料を引き上げるしかない」（同上）ことになるいわゆる「修正積立方式」の抜本的な見直しが優先するように思われるのである。

第4節　社会保障と企業年金

§1　公的年金と企業年金

　厚生年金の一部を代行している厚生年金基金（以下,「基金」と略）には代行部分にも完全積立が要請され，この点が賦課方式にならざるを得ない公的年金（厚生年金）にも「積立」を要請し，保険料率の際限もない上昇の試算も引き起こしている。しかし，わが国の年金白書もいうように，「今日，公的年金は，基本的には現役世代の保険料負担で高齢者世代を支えるという世代間扶養の考え方で運営され」る賦課方式である（厚生省年金局監修『平成9年度・年金白書』,12頁）。この方式は，報酬比例部分に対する公的年金にも妥当するものであり，アメリカの社会保障年金制度（OASDI）も「原則として，年金給付に必要な費用をそのときどきの現役労働者からの社会保障税でまかなう賦課方式により運営されて」おり，1977年と1983年の制度改正で社会保障税率を給付額よりも高く設定したものの，「信託理事会の中位推計によれば，2014年から歳出が歳入を上回り，財務省債券投資による利子収入を加えても2022年から信託基金の取り崩しが必要となり，制度改正が行われなければ2034年には基金が枯渇するものと予測」[72]されている。したがって，OASDIは，修正賦課方式と称されてもその実態は賦課方式である。そこで，アメリカの場合，これとは截然と区別される企業年金がその上にあるのである。

　これに対し，わが国の場合,「基金」は代行部分を持つことによってその積立不足は深刻の度を深め，その保有資産（時価）は，平成8年度に導入された非継続基準（基金が解散してもそれまでの期間については加入員や受給者に支払える積立金があるか否かを検証する基準）による解散時責任準備金を下回るようになり，同年度以降の積立不足基金数は増加の一途を辿って総基金数に占める割合は平成10年度には20.9％（389基金）に達し，同年度におけるその保

有資産（時価）が代行部分の最低積立基準額（最低責任準備金）の1.3倍以下（基金は代行部分の3割以上の給付が可能な場合に認可）の基金数は568基金に及び，1.1倍以下が129基金も見られる[73]。

ところで，年金水準の国際比較を行うのに最も有効な尺度は年金が在職中の所得（給料）をどれだけ代替するかを示す代替率であり，それも給料からの諸控除は国によって異なるので「正確には，グロスだけでなく，ネットの給料に対するネットの年金の代替率」である。けだし，金額の絶対水準の比較では為替レートの変動がそのまま反映し購買力や所得水準は国によって異なるからである。そこで，これも村上氏が引用しているイギリスのあるコンサルタント会社が行った「代替率」の国際比較に注目してみると，1996年に退職した引退者を想定した数値であるが，公的年金だけのネット給料に対するネット年金の代替率は，日本49％，アメリカ50％，イギリス48％，スイス65％，スウェーデン76％，ドイツ52％，フランス67％，オーストリア70％であるが，公的年金に企業年金を加えた場合の代替率は，日本61％，アメリカ68％，イギリス63％，スイス70％，スウェーデン76％，ドイツ69％，フランス71％，オーストリア70％になっている[74]。

一方，「現在，世界の年金基金を見ると，アメリカが55％から60％，イギリスが約10％，日本が約25％程度」[75]であるが，「ヨーロッパ主要国のなかで年金改革がもっとも遅れている」とされる「引当金方式のドイツや連帯感という政治色が強いフランス」[76]では年金基金は少ない。また，スウェーデンの企業年金制度の柱はホワイトカラーの労働組合とスウェーデン経営者連盟との団体交渉でできあがった職員退職年金制度（ＩＴＰ）とブルーカラーのスウェーデン労働組合連合とスウェーデン経営者連盟との間で締結された協約に基づく労働者退職年金制度（ＳＴＰ）であるが，ＳＴＰの場合，その財政運営は「各企業が労働者年金保険公社（ＡＭＦ）と年金保険契約を締結するが，「ＡＭＦでは，ＳＴＰの年金資産のうち90％以上を，国債，社債等の公社債，または担保のある貸付，不動産等で運用することになっている」[77]のでこれは投機資金の源泉には殆どならない。とすれば，在職中の所得に対する「代替率」の比較では，

世界の年金基金の6割近くを占めるアメリカの代替率が必ずしもドイツやフランス，スウェーデンの代替率を上回っているとは言えないことが注目されてよく，このことは，アメリカの年金基金の隆盛を見習うことが必ずしもわが国の「代替率」を高めることにはならないことを示しているように思われる。

すなわち，ドイツでは，年金額は最終給与のうち社会保障制度上の上限報酬に対する割合として設定され，その水準は，最終給与のうち，社会保障制度上の給与（税金や社会保険料控除後の純給与）である上限報酬以下の部分は，公的年金で40～45％が，また企業年金で10～20％が支給されるので，「企業年金の加入者である従業員は，社会保障制度上の上限報酬以下の部分では50～60％相当の年金が受給できる」ようになっている[78]。ちなみに，その財政は引当金方式が70％を占め，年金基金は職域年金（企業年金）制度に基づく年金資産の総額中約20％，共済基金は同じく総額中約7％とされ[79]，この割合は1994年期末には年金引当金57.7％，年金基金22.4％，共済基金8.5％とする見積[80]もあって，ドイツでも引当金方式は多少減少し，年金基金は若干増えてはきているが，それも公的年金による代替率が制度的に保障された上でのことである。

また，フランスでは，基礎制度の上に強制加入の補足制度（その8割は民間商工業部門被用者の非幹部職員を対象にした「ARRCO（補足年金制度連合会）」と幹部職員を対象とする「AGIRC」で占められている。）があり，その所得代替率は基礎制度と補足制度の合計で満額年金の場合，公務員と同じく最終給与の75％が望ましい水準とされ，1990年の平均代替率はネット賃金との対比で標準者54％（満額年金では83％）で，その上に任意で設けられる追加補足制度がある。そして，その3階部分には，「"AGIRC"の保険料対象給与が社会保障上限額の4倍をこえる高額所得者を対象とする」ものや「生命保険会社との団体保険契約によるもの」などがあるが，「ブック・リザーブ（引当金）方式は非課税扱いにならないため普及していない」とされ，年金基金による積立方式の導入については，「過去に大幅なインフレを経験したフランスでの支配的な見方としては，賦課方式は積立方式より安全とされている」[81]。

また，スウェーデンの場合，「ＩＴＰおよびＳＴＰ共に終身年金で，支払保

障制度も用意されており，……給付水準については，公的年金と合わせて従前所得の約70％のカバーを目的としており，公的年金とはこの水準を満たすように係数を調節」しているという[82]。

ちなみに，フランスにおいては，「積立方式の年金制度の導入により資本市場を育成していこうとする動きはあるが，これは主に金融機関を中心とするものであり，一般的な声にはなっていない」[83]ともされている。

§2 付加価値の源泉

史上最高の運用実績を誇った投資ファンド「クォンタム・ファンド」を創設したジョージ・ソロスは，「1992年に私が英ポンドを空売りした時，イングランド銀行が私の取引の相手だったために，私はイギリスの納税者のカネを搾り取ることになった」[84]としているが，1997年の中頃に東アジア諸国を襲い彼等の富を大きく奪った急激な通貨の下落もまた通貨の「売り」を浴びせられたためで，これらの事態が物語ることは，このような金融取引は付加価値を創造するものではなく，社会の富を単に移動させたに過ぎないということである。この点で，「私の実感であるが，今日，経済を展望することを難しくしている理由は，金融経済の過剰にある」とされる三井物産会長・熊谷直彦氏は，「金融の基本機能は，人間の経済生活をより豊かに効率化するとともに有望かつ有益と判断される事業やプロジェクトに資金を回して育成するという点にある」のに「モノの動きの百倍ものカネの取引がなぜ必要なのかは理解を超える」とし，「製造業，農業，建設業など，『モノづくり』の分野で几帳面な国民性を生かし今日の経済国家を作り上げてきた」日本にとって，改めて「実体経済を重視し，技術革新に取り組み，付加価値を創出すること」の意義を強調しておられる[85]。

また，ガルブレイスは，「30年型大恐慌を阻止する」には，各国が「いわゆる国家経済へのケインズ主義的コミットメントをより重視」し，失業保険や医療保険を含む福祉医療制度を整備して「不況に対する経済の総合的な体力づく

り」をする必要を指摘しているが[86]，老後の所得保障もその「体力づくり」の重要な一環である。「90年代不況の底割れを回避し，長期にわたる不調の日本経済を辛うじて支え」たものに，「シルバー世代＝厚生年金族という安定的消費力」[87]があったことは否定できないからである。

ところで，内橋克人氏は，米国内のヘッジファンド（投機的投資信託）に発する世界を駆けめぐる1日1兆数千億ドルにのぼるホットマネー（国際短期投機資金）や，為替，金利，債権，株式等の現物取引から派生する55兆ドルとも言われるデリバティブ（金融派生商品）の世界を「虚の経済」と呼ばれているが（同上），こんにちの外国為替取引のような，「利益を得るためにディラーも情報を操作しようとするし各国の通貨当局も操作する，そうした錯綜した情報が一挙にマーケットに入ってきて，なんらかの気分が作られるとマーケットはその気分によって動いてしまう……まさにゲームの世界」[88]は，「虚の経済」と呼ぶのに相応しい。ちなみに，その「虚の経済」は，これらのトレーダーに投機資金を供給する投資家に対する広範な資産・負債の「時価」情報の提供を要求する。こうして，「最近の証券・金融市場のグローバル化や企業の経営環境の変化に対応して企業会計の透明性を一層高めていくため，注記による時価情報の提供に止まらず，金融商品そのものの時価評価に係る会計処理」（企業会計審議会）が要請され，いわゆる「時価会計」は急速に制度化されてきている。

§3　わが国の企業年金

適格退職年金が生まれた昭和37年当時は，わが国でも企業年金は①老後収入の保障，②退職一時金とは別立て，③年金本来の支給率，④従業員の拠出もある，⑤年金受給が多い，⑥人事・厚生部で担当という企業年金本来のものが多かったようであるが，次第に退職金の負担が重くなり別に企業年金を設ける余力が少なくなったことから，目的は①退職金の積立，したがって②退職一時金の代替，③支給率は退職一時金からの換算，④負担は総て会社，⑤受給形態は一時金，⑥担当は経理・財政となり，在来の退職金の身代わり，つまり代替で，

名称は企業年金でも，実質的には在来の退職一時金を温存した「代替型」の性格が強くなっているという[89]。また，年金額の決め方には定額方式と給与比例方式があり，定額方式にも「(a)一定の勤続，年齢等の条件を満たした者には一律に一定額（月額5万円とか10万円）を支給する一律定額方式と(b)各人の勤続の長短を考慮し勤続年数に比例する定額方式（例えば月額2,000円×勤続年数）」が，また給与比例方式にも「(a)退職時給与の一定率を年金とする最終給与基準方式と(b)在職中の全期間の給与を基準にしてその一定率を年金額とする全期間給与基準方式」があるが，わが国では「100人未満の企業では管理運営上の制約から仕組みの簡単な定額年金が多く用いられ，中規模以上の企業では給与比例年金が多い」。ちなみに，わが国の給与比例年金はほとんどが最終給与基準方式で，例えば「退職時給与の1％に勤続年数を乗じた額（20年勤続で20％，30年勤続で30％）」とする場合や「一定の条件を満たした者には一律の給付率を適用する方式（例えば勤続20年以上の定年退職者には一律に退職時給与の20％の支給等）」になっている[90]。

ちなみに，従来の退職一時金との関係では，サッポロ・ビールのように退職金の半分を年金化し残りの半分を従来通り会社から支給するといった一部移行型が多く，退職金から全面的に企業年金に切り替えた企業（本田技研，味の素，キャノン等）は相対的に少なく[91]，また，有期年金が大部分でその支給期間は10年が圧倒的に多く，退職一時金は，税法上有利な控除が受けられる範囲で利用され，退職金の年金化はほぼ従来の退職一時金の半分程度に止まるようである。

しかも，多くの企業は，現在，掛金が一定で給付額が変動する確定拠出型（日本版401k）や加入者の年収の一定割合を企業が拠出しこれに労使間で定めた保証利回りに見合う運用収益を毎年加えて年金原資を積み立てるいわゆる混合型の導入も進めており，転職や離職等の雇用情勢の急速な流動化がこの傾向に拍車をかけているので，わが国の現行税法上の基準でもある「期末要支給額基準」[92]を適用できる局面は依然として大きいと考えられる。

ところで，確定拠出型年金等への移行を見越した大手金融機関による証券子

会社の再編も急展開しているようで，東京三菱銀行の証券子会社である東京三菱証券には三菱信託銀行の証券子会社がその営業を譲渡し，東京海上火災保険と明治生命保険も東京三菱証券に出資するなど，三菱グループ４社によるホールセール（大口金融取引）の証券業務の共同展開や，住友銀行と大和証券による共同出資の証券会社の設立，富士銀行と安田信託銀行による証券子会社の統合，三和銀行による証券四社の統合などが進んでいるという[93]。ちなみに，この展開は，「独り勝ち」とも言える現在のアメリカ経済をモデルにした年金基金の急成長を見込んだ対応でもある。しかし，アメリカの株高については，「人々は株投資で年率20％の値上がり益が得られると信じ，それが数年続いている。あと３年以上も続くとしたら驚きだ。株価は今後横這いか１～２年は上昇するだろうが，30％の株価調整が起こるかもしれない。そうなれば米国の消費は急減する。世界にとっても最大の問題だ」[94]とされていることも考えておく必要があるし，もう一つわが国の場合には国債への依存を強めている点で，インフレによる給付水準の目減りということも考えておかなければならないように思われる。

§4　退職給付債務の性格

わが国の「退職給付に係る会計基準」は，退職給付見込額（退職時に見込まれる退職給付の総額）のうち当期までに発生したと認められる額は，「退職給付見込額を全勤務期間で除した額を各期の発生額とする方法その他従業員の労働の対価を合理的に反映する方法」で計算するとし（二・2(3)），全勤務期間の給与総額に対する各期の給与額の割合で計算する方法でもよいとはしているが（同基準・注解５），原則的には定額法としているので，将来の昇給等に依存する分もすでに「発生」していると考えるようになっている。ちなみに，国際会計基準第19号（1998年２月改訂）も，勤務期間帰属について，わが国の原則的な方法を認め，「後の年度における従業員の勤務が前の年度より相当高い水準の給付を生じさせる場合には，企業は，給付額を定額法により退職給付に

係わる期間に帰属させなければならない」(第67項) としている。

ところで，同第19号は，「企業は，給付建制度の正式な条件の下での法的債務のみならず，企業の非公式の慣習により生じるみなし債務 (costructive obligation) についてもすべて会計処理しなければならない」(52項) とするが，「給付建制度の正式な条件が，企業に当該制度に基づく義務を終結させることを容認することがあろう」(53項) ともしており，返済が不能になれば倒産に追い込まれる借入金のような債務とは質的に異なる性格のものであることも明らかである。この点で，現在，多くの企業が「給付削減も選択肢」に入れており，「労働省のアンケートでは3割以上の企業が将来の給付削減を検討している」[95]とされ，確定給付型とされていてもかなり「不確定」な給付であることも示している。

現に，日本航空は'99年8月2日，「2001年3月期から導入される退職給付会計に基づく年金・退職金の積立不足が2000億円程度と見られていた」ことから「来年4月をメドに厚生年金基金の想定運用利回り（予定利率）を5.5％から4.5％に引き下げ」，積立不足を「400億から500億円」減少させ，これによって加算部分の給付は「2割強」下がる見通しで，「退職者に対する給付も削減する」という[96]。ちなみに，日航の厚生年金基金は，「'98年3月末で2300億円の運用資産を持ち，2000億円程度と見られる積立不足の9割前後は，退職一時金と厚生年金基金の加算部分での不足が占めていると見られる……ため，厚生年金基金制度を維持するためにも，加算部分の給付引き下げが必要だと判断した」ようで，「同社では，厚生年金基金の代議員大会で所定の手続きを経て，来年4月1日から運用の予定利率を引き下げるとともに，同日以降の退職者から給付水準の引き下げに踏み切りたい考え」とされ，この給付削減は日立製作所や日産自動車などに続く動きで，「企業年金危機を給付削減で乗り切ろうとする動き」は，「業種を問わず広がって」きているともされている（同上）。このように，厚生年金の「加算部分」（本来の企業年金）の退職給付債務は「取消し可能な債務」として，かなり特殊な債務と考えられる。ちなみに，わが国の厚生年金基金は「代行制度」によってバブル時には「約2兆円と推計される

被害」[97]を厚生年金の本体に与えているが，その稼得した「利得」もバブル崩壊後の運用利回りの低下で消尽されさらに企業財務を著しく圧迫するようになっており，「厚生年金基金の解散は，母体企業の倒産によるものを除いて，'96年度7基金，'97年度91基金，'98年度12基金と増加が続いている」が，現在，「代行部分は年金債務の3～4割を占めており」，2001年3月期から導入される退職給付会計の新基準では基金の解散を余儀なくされる企業が激増することも考えられるという[98]。

ところで，三菱電機では，賃金減を条件に雇用延長を認める「シニアエキスパート制度」を導入する一方，年金と退職金の制度も変え，「現在，78歳まで段階的に増えていた年金支給額は，60～65歳で横ばい，65歳で減り，75歳でさらに減少する仕組みとするため，年金の総支給額は，今年退職する人で約15％，2010年に退職する人で約25％減る」ことになり，「現在約5400億円ある企業年金の積立不足は約1,800億円減る見込み」という。その「シニアエキスパート制度」とは，課長級未満の一般社員約35,000人を対象に，「56歳から59歳でいったん退職し再雇用に切り替えて厚生年金の支給開始年齢まで働けるようにし，再雇用後の賃金水準を60歳までは退職前の8割前後，それ以降は約半分とし，(2000年) 4月に導入することで労使が合意したもので，雇用延長を計画している他社の労使交渉にも影響する可能性があると報じられている[99]。こうして，わが国の企業年金は，雇用の延長を伴いながら公的年金（厚生年金）の補完に止まる性格を強め，減額もされる傾向になってきているように思われる。

ちなみに，その「補完に止まる性格」は，わが国の場合，公債への依存度が高まる状況下のインフレ懸念からも強まってくる。とすれば，「基金」の資産運用を元本保証資産5割以上，国内株式3割以下，外貨建て資産3割以下，不動産2割以下とした規制の緩和や規制そのものの廃止（1997年12月）によって株式の運用比率が急上昇し，「(適格退職年金も含む) 約160の企業年金の1999年度の運用利回りは12％強と前年度より10ポイント近く改善し，過去最高となった模様だ」[100]とされるに至っても，積立方式である限りインフレによる目減りは避け難いことも銘記しておかなければならないように思われる。

§5 エコマネーによる所得保障の補完

ソロスは,「今日,市民に福祉を提供する国家の能力は,税金や面倒な雇用条件から逃れるために資本が他国に移動できることで著しく損なわれており,アメリカ,イギリスのように社会保障制度や雇用制度の本格的な見直しを行った国は繁栄しているがそれらを維持してきたフランス,ドイツなどは立ち後れている」として「福祉社会の解体という新しい現象」を指摘,工業国における国民総生産(GNP)中の国家の取り分について,1980年以降については「目立ったほどの減少ではなかった」とし,消費課税の増加を指摘して「租税の負担が資本から市民へシフトした」としている[101]。つまり,「小さな政府」化にはそれほどの進展はないが,負担者は「資本から市民へ」大きく変わったというのである。

しかし,その原因として指摘されている「税金や面倒な雇用条件から逃れるための資本の他国への移動」を環境問題で考えてみると,環境会計においては,経済効果との対比だけでなく環境保全効果との対比も重要になってきていることは示唆的である[102]。そこでは,資本は,環境会計の未発達な国に向かって流出するということにもなってくるからである。しかし,このような「流出」は,世界的な規模で環境破壊が進行してきているグローバル時代の今日,とうてい許されることではないであろう。多くの局面でリスクや不確実性が拡大してきている現在,グローバル時代とは確かに,「リスク分散,不確実性縮減という社会の機能を地球全体に広げ,計画的な発展を目指す時代」[103]として特徴づけてよいように思われるからである。

ところでアメリカのエリサ(法)は,確定給付型の年金について,最低拠出基準(minimum funding standards)を満たさない企業からは拠出不足額を罰金(excise tax)として徴収する規定(IRC§4971)なども設けているが[104],わが国の企業年金の議論ではこのような面の議論はあまり聞かれず,もっぱら日本版401kの導入が論じられている。しかし,積立方式であれば如何に上手

に運用してもインフレが起こればその目減りは如何ともし難いし，その運用利回りが少なからず投機の性格も持つとなると危険も伴うわけで，所得保障の補完には，相互扶助活動の「積立」のような，まったく新たな視点からの「対応」を組み入れることも考えられてよいように思われる。

　この点で，「介護や子供の世話など通常のお金では価値が測りづらいボランティア活動やサービスをエコマネーで評価し，地域内の住民が必要なときにサービスを交換できる仕組み」などは注目に値する。北海道栗山町の場合，通貨の呼称を「栗山」と「クリーン」をかけた「クリン」とし，「赤ちゃんの世話は1時間，雪下ろしは30分で各千クリン，庭の手入れ，犬の散歩から書道，野菜の作り方指導まで約300項目にも及ぶメニュー表を作り2001年度から正式導入したい考えだ」という[105]。ちなみに，現在この「エコマネー」は「各地で30種ほど流通」している（同上）ともされているが，稼働労働力の年齢を固定的に捉える「少子・高齢化」論が多く，また，本来の付加価値を生むはずの労働力が休眠して高い失業率となっている現在，「積立方式」の推進を言うのであれば，年金のような老後の所得保障にとってはこのような「地域通貨」をその「積立」の中に何等かの形で組み入れるような視点も考えられてよいように思われる。

　それというのも，過疎や都市化などによって地縁や血縁が大きく薄れてきている現在，例えば有給休暇によって地域の介護活動等に参加し，「地域通貨」を取得してこれを何時の日か利用するといった仕組みは，企業の側でも利用できないことはないであろうからである。ちなみに，地域通貨は利息の概念を持ち得ない点で運用利回りに翻弄されることもないし，また人間の本性に由来する最も価値ある奉仕活動を基礎に地縁等を復活させる意義も持っており，老後の所得保障を補完する年金制度の一環に組み入れる方法が模索されてもよいように思われるのである。

（注）
1）　企業財務制度研究会『減損会計をめぐる論点』，1998年，36頁。
2）　Henry R. Hatfield, Moderm Accounting, 1918, p.127. 松尾憲橘訳『近代会計学』，雄松堂書店，123頁。
3）　Paton, W.A. and Paton, W.A.J., Asset Accounting, 1952, pp.243〜244.
4）　岡部利良「修繕引当金ははたして負債性引当金であるか（Ⅲ）」『税経通信』，1972年11月号，14頁。
5）　谷川英夫（国税庁法人税課長）監修『コンメンタール法人税基本通達』，税務研究会出版局，昭和59年，323頁。
6）　田中　弘『原点復帰の会計学』，税務経理協会，1999年，156頁。
7）　白鳥栄一「国際会計基準と税制」『税経通信』，Vol.51 No.4（1996年4月号），65頁。
8）　前田　庸「商法等の一部を改正する法律案要綱（案）の解説（下）」『商事法務』，No.1519，10頁。
9）　岩部俊夫「金融資産・負債の評価基準と会計処理」『税経通信』，1999年，4月号，100頁。日本公認会計士協会「個別財務諸表における税効果会計に関する実務指針」（平成10年12月22日）の設例2は，利益処分方式による租税特別措置法上の諸準備金等の税効果（非償却資産）として，当面売却の可能性のない工場用敷地の圧縮記帳における繰延税金負債を例示している。
10）　吉牟田　勲「金融商品とヘッジ会計をめぐって」『税務会計研究学会第11回大会・報告要旨』，平成11年9月18日（大阪学院大学），41頁。
11）　田中　弘稿（同編著）『取得原価主義会計論』，中央経済社，平成10年，201頁。
12）　同上，13〜14頁。
13）　寺沼太郎「『株式持ち合い』の現状について──株式分布状況調査のデータから──」『証券』，1998年10月，19頁。
14）　「基金制度改正の内容と考え方」『企業年金』，1999年10月号，10頁。
15）　日本経済新聞，1999年10月14日，夕刊。
16）　田中　弘『会計の役割と技法』，白桃書房，1996年，105〜106頁。
17）　日本経済新聞，1999年12月28日付。
18）　鈴木　祐「確定拠出型年金が米国で発展した理由」『大和総研・年金調査情報』，1997年1月号，20頁（図表1：出典・バンカース・トラスト）。
19）　CCH, 1998 Social Security Explained, ¶201.
20）　木下和夫監修・大阪大学財政研究会訳・マスグレイブ『財政学Ⅱ』，有斐閣，1983年，607頁。石　弘光／馬場義久訳J・A・ペックマン『税制改革の理論と現実』，東洋経済，1988年，228頁。
21）　馬場宏二「ニューディールと『偉大な社会』」『福祉国家・3・福祉国家の展開｛2｝』，第2章，東京大学出版会，1985年，115頁。
22）　平井規之『大恐慌とアメリカ財政政策の展開』，岩波書店，1988年，104頁。
23）　古米淑郎『ニューディールの経済政策』（アメリカ経済研究会編）第三部第四章，

第3章　時価評価と社会保障　89

慶応通信，1965年，344頁。
24) 前掲20）石・馬場訳，244～245頁。
25) 地主重美『社会保障の財源政策』，第1章，東京大学出版会，1994年，5～6頁・31頁。武田文祥「社会保険と福祉国家」『福祉国家1（福祉国家の形成)』，第2章，東京大学出版会，1984（昭和59）年，88頁も参照。
26) 『週間・東洋経済』，1998年8月29日号，16頁「表2」参照。
27) 朝日新聞，1998年8月7日付。
28) 小島晴洋「企業年金の法理論」『季刊・社会保障研究』，1996年，Vol.32，No.2，201頁。
29) 高山憲之「企業年金改革，労使が主役」，日本経済新聞，1996年6月28日付「経済教室」。
30) 年金会計研究委員会報告『年金会計をめぐる論点』(『論点』と略)，企業財務制度研究会，1997年7月，438頁。
31) 「年金不信（上)」，日本経済新聞，1998年9月26日付。
32) 村上　清『年金制度の危機』，東済経済，1997年（『危機』と略)，117頁・表12。
33) 同上書，133～134頁。
34) 同上書，115頁。
35) 田村正雄「年金基金の財政をめぐる問題」『日本労働研究雑誌』，1997年5月，No.444，14頁。
36) 同上稿15～6頁。
37) 村上　清『年金改革』，東洋経済，1993年，25頁。
38) 前掲30）『論点』，438頁。
39) 厚生省年金局企業年金国民年金基金課監修『厚生年金基金制度・改正の解説』(『改正の解説』と略)，1997年，14頁。
40) 平山直充「ＦＡＳＢ基準書87号と日本の企業年金」『企業会計』，1990年3月号，23頁）
41) 前掲39）『改正の解説』，23頁。
42) 厚生年金基金制度研究会（厚生省年金局長の私的研究会）報告書，1996（平成8）年6月，3・②・②)。
43) 前掲32）『危機』，158頁。
44) 野村総合研究所資本市場調査部『日本の年金』，1997年，東洋経済，60頁。
45) 厚生省年金局監修『平成9年度版・年金白書──21世紀の年金を「選択」する』，1998年，47頁。
46) Social security Bulletin，Vol.60・No.4・1997，p.61.
47) 玉井金五『防貧の創造』，啓文社，1992，17頁注9。
48) 久野万太郎『年金の常識』，講談社現代新書，1996年，59頁。
49) Business Insurance，Oct.20，1997.
50) 前掲32）『危機』，17頁。
51) Kohler's Dictionary for Accountants，4th.ed.p.375.

52) CCH, British Master Tax Guide, 13th Ed, 1994〜95, ¶2784.
53) World Bank, A Policy Research Report, Averting the Old Age Crisis, Oxford Univ. Press, 1994, pp.15〜16.
54) 「米ヘッジファンド・損失相次ぎ表面化」，日本経済新聞，1998年，9月17日付。
55) 馬場宏二「レーガン主義の文脈」『転換期の福祉国家（上）』（東京大学社会科学研究所編）第2章，東京大学出版会，1988年，101頁。
56) 八田達夫稿「目的消費税は『積立型』で」，日本経済新聞，1998年10月29日付「経済教室」。八田達夫『消費税はやはりいらない』，1994年，東洋経済，1994年参照。
57) 前掲32)『危機』，109〜110頁。
58) 厚生年金基金連合会編『21世紀の企業年金』，東洋経済，1997年，27〜28頁。
59) Singh, Ajit (1995), Pension reform, the stock market, capital formation and economic growth : A critical commentary on the World Bank's proposals, International Social Security Review, Vol.49 3／96, p.30.
60) Social Security Act, §201(d). United States Code Annotated, Social Security Ch. §401(d), p.104.
61) 島津輝明＆年金科学研究会『年金改革』，都市文化社，1998年8月，27頁。
62) OECD, Old Age Pension Schemes, Paris.1977, pp.95〜97.
63) James, Estelle (1995), Providing better protection and promoting growth : A defence of Averting the old age crisis, International Social Security Review, Vol.49 3／96., p.16.
64) 『企業年金』（厚生年金基金連合会発行），1999年4月号，20頁。
65) 『企業年金』（厚生年金基金連合会発行），1999年10月号，11頁。
66) 日本経済新聞，1999年6月26日付。
67) 日本経済新聞，1999年2月27日付。
68) 日本経済新聞，1999年5月1日付。
69) 日本経済新聞，1999年6月25日付。
70) 朝日新聞，1998年5月18日付。
71) 「（インタビュー）矢野朝水・厚生省年金局長に聞く・代行問題は企業年金再構築のなかで十分な検討」『企業年金』，2000年2月号，8〜10頁。
72) 竹井伸次「米国における社会保障年金価格議論の動向」『企業年金』，1999年5月号，32頁。
73) 「平成10年度決算における積立水準検証結果の概要」『企業年金』，2000年1月号，40〜42頁。
74) 前掲32)『危機』，210頁図15より。
75) 伊東光晴『経済政策はこれでよいか』，岩波書店，1999年，45頁。
76) 寺田　徳「第29回国際年金会議が京都で開催される」『企業年金』，2000年1月号，44頁。
77) 厚生年金基金連合会編『諸外国の企業年金制度』，平成8年，213頁。
78) 同上書，251〜252頁。

79) N.レスラー／K.ハスナー「ドイツにおける職域年金制度の概要」(渡部紀安訳)『季刊・年金と雇用』, 第11巻3号 (平成5年2月), 59～61頁。
80) 川口八洲雄『会計指令法の競争戦略』, 森山書店, 200年, 332頁。
81) 前掲77)『諸外国の企業年金制度』, 294～295頁・304～305頁。
82) 同上書, 202頁。
83) 同上書, 305頁。
84) Soros, George, The Crisis of Global Capitalism : Open Society Endangered, 1998, Public Affairs, New York, Introduction, p. 196. 大原進訳『グローバル資本主義の危機——「開かれた社会」を求めて』, 1999年, 日本経済新聞社, 285頁。
85) 熊谷直彦 (三井物産会長)「金融取引の虚実」, 日本経済新聞, 1999年10月12日夕刊。
86) ジョン・ケネス・ガルブレイス「人類の歴史は, 投機とその瓦解の繰り返しだった。だが, 資本主義は知恵もつけた」『日本の論点'99』, (株)文芸春秋編『日本の論点'99』, 1998年11月, 32～39頁。
87) 内橋克人「教訓が生んだ恐慌回避の『安定化装置』——いま, それを機能不全にする勢力が肥大した」同上書86)『日本の論点'99』, 40～47頁。
88) 榊原英資(「露呈しつつあるグローバル資本主義の欠陥——いま日本は何をすべきか」同上書86)『日本の論点'99』, 63頁。
89) 村上 清『企業年金の知識』(日経文庫), 72頁。
90) 同上書, 98～100頁。
91) 同上書, 84～86頁。
92) 今福愛志「企業年金をめぐる制度と会計 (第5回)」『税経通信』, 1999年8月号, 48～49頁。
93) 日本経済新聞, 1999年7月15日付。
94) 「ポール・サミュエルソンに聞く・米株高と世界経済」, 日本経済新聞, 1999年12月14日付。
95) 「企業揺さぶる年金会計」, 日本経済新聞, 1999年7月27日付。
96) 「企業年金・日航, 給付2割削減」, 日本経済新聞, 1999年8月3日付。
97) 村上 清「代行返上は労使の自由な返上に」『企業年金の危機』(産労総合研究所編), 経営書院, 1997年, 6頁。
98) 「『代行部分』も企業負担, 厚年基金の年金債務, 会計士協会実務指針・国際基準にらむ」, 日本経済新聞, 1999年9月8日付。
99) 「三菱電機・賃金減条件に雇用延長」, 日本経済新聞, 2000年2月1日付。
100) 「企業年金運用利回り大幅改善・R&I推計」, 日本経済新聞, 2000年4月8日付。
101) Soros, op. cit., pp. 111～112. 大原進訳, 179～180頁。
102) 日本会計研究学会特別委員会「環境会計の発展と構築」, 平成11年度中間報告 (平成11年9月), 19頁。
103) 深瀬晋太郎「グローバル時代の日本社会」, 日本経済新聞, 1999年7月11日付。
104) Mertens Law of Fed Income Tax, 1988, §25B. 65.

105) 「思いやり・地域通貨で交換」「エコマネー・各地で30種流通」，日本経済新聞，2000年1月28日，夕刊。

第2部

確定決算基準主義と
　トライアングル体制

§2 法　人　税

　各事業年度の所得には普通法人（株式会社や有限会社等）では30％（ただし，資本金額（出資金額を含む）が1億円以下のものまたは資本金を有しないものには年800万円以下の部分は22％），公益法人等や協同組合等には22％（ただし，大規模な特定協同組合の場合，10億円以上の部分には26％）の法人税が課される。

　法人税は，解散または合併した場合の清算所得にも課される。清算所得とは，解散した場合は残余財産（資産－負債）から出資持分（資本金または出資金と資本積立金）と利益積立金（課税済の内部留保額）を控除した額であり（法93①），合併した場合は，(イ)被合併法人の株主等が合併法人から交付される合併法人の株式等の価額（額面株では額面金額）と金銭等の合計額から(ロ)被合併法人の合併時の出資持分と利益積立金の合計額を控除した額 {(イ)－(ロ)} である（法112①）。

　法人税はまた，退職年金業務等を行う信託会社や保険会社等の納付する退職年金等積立金にも課される。これは，税制上，一方（企業）の支出が損金になる場合，他方（従業員）の収入は益金となるためで，年金受給者の給与所得課税延期に対する利子の性質を持つ。しかし，わが国のもう一つの代表的な企業年金である厚生年金基金の場合には代行給付の2.7倍までの水準の積立金には課されておらず，現在は，「確定拠出型年金の課税制度とともに（……その）廃止問題が焦点にな」っている[1]。なお，退職年金等積立金に対する法人税は，平成11年度と平成12年度の2年間，時限的措置として臨時的に課されないことにされている（租法68の4）。

§3 益金と損金

　法人税を課される法人の各事業年度の所得（課税所得）は，各事業年度の益

金の額から損金の額を控除した金額である。益金には企業会計上の収益がほぼ対応し，損金には，企業会計上の費用または損失がほぼ対応する。しかし，企業が収益としていなくても税法上は益金とされる益金算入項目や，企業が費用としていても税法上は損金として認められない損金不算入項目も出てくる。益金算入とは，企業が収益（益金）としていなくても税法上は益金とされることで，例えば企業が国庫補助金や保険差益等を資本剰余金としても税法がこれを益金に算入することを言い，損金不算入とは，法人税等や罰科金等のように法人が費用または損失としていても税法上は損金に算入できないことを言う。ちなみに，益金不算入とは，例えば他の法人から受け取る利益の分配金（受取配当金）を営業外収益としていても税法がこれを益金に算入しないことを言う。受取配当金の多くは益金に算入されない。また，損金算入とは，租税特別措置法上の各種の準備金のように，法人は費用または損失としていなくても税法が損金に算入することを認めることを言い，これらを加減して課税所得が計算される。

［設　例］　　　　　　　　　　　　　　　　　　　　　　単位万円

当期利益（株主総会で承認された商法決算上の利益）　　　10,000
益金算入額（損金の額に算入した法人税や国庫補助金等）　　5,000
損金不算入額（減価償却超過額や交際費の損金不算入額等）　2,000
益金不算入額（受取配当金の一部や還付法人税等）　　　　　3,000
損金算入額（償却超過額のうち当期認容額等）　　　　　　　1,000

当　期　利　益			10,000
（加算）	益 金 算 入	5,000	
（加算）	損 金 不 算 入	2,000	
（減算）	益 金 不 算 入	3,000	
（減算）	損 金 算 入	1,000	
差引所得金額			13,000

益金には，法人税法に「別段の定め」があるものを除き，資本等取引以外の

取引で次のような当該事業年度の収益の額が算入される（法22②）。
(1) 資産の販売
(2) 有償による資産の譲渡または役務の提供
(3) 無償による資産の譲渡または役務の提供
(4) 無償による資産の譲受
(5) その他の取引による収益

このうち，(3)の「無償による資産の譲渡または役務の提供」に注目に値する。この規定は，無償で提供された資産や役務について，ひとまず「時価」で売却し，その直後に売却代金を寄付したものとみなす考え方に基づいている。この場合，売却代金は総て益金になるが，寄付金とされた金額については総てが損金になるとは限らない（法37②）。そのため，しばしば贈与した上に課税もされるという事態も生じる。なお，旧法人税基本通達51は，「総益金とは，法令により別段の定めのあるものの外資本等取引以外において純資産増加の原因となるべき一切の事実をいう」とし，財産法（静態論）の立場（資産負債アプローチ）に立っていた。

一方，損金に算入するのは，「別段の定め」があるものを除き，次の額である。
(1) 当該事業年度の収益に係る売上原価，完成工事原価その他これらに準ずる原価の額
(2) 前号に掲げるもののほか，当該事業年度の販売費，一般管理費その他の費用（償却費以外の費用で当該事業年度終了の日までに債務の確定しないものを除く。）の額
(3) 当該事業年度の損失の額で資本等取引以外の取引に係るもの

ちなみに，旧法人税基本通達52は「総損金とは，法令により別段の定めのあるものの外，資本等取引以外において純資産減少の原因となるべき一切の事実をいう」としていたが，この資産負債アプローチは依然として税法の底流にあり，その点が(2)の末尾の括弧書にある「償却費以外の費用で当該事業年度終了の日までに債務の確定しないものを除く」する規定に反映している。そこで，

税法は，これと対立する損益法を「別段の定め」として導入し，各種の引当金を発生主義の観点から認め，未発生であっても確率的には発生していると考えられる貸倒引当金や製品保証等引当金も容認してきたのであった。

§4 損 金 経 理

わが国では法人税を納める義務のある法人は，「各事業年度終了の日の翌日から2月以内に，税務署長に対し，確定した決算に基づ」いて法人税の確定申告書を提出しなければならない（法74①）。決算は，株式会社では取締役が計算書類を定時株主総会に提出し承認されたときに確定し（商283①），課税所得は商法上の「確定した決算」を基礎にすることになる。ただし，大会社（資本金が5億円以上または最終の貸借対照表の負債の合計が200億円以上の会社）の決算は，一定の要件の下，取締役会の承認で確定する（商特16①）。課税所得を商法上の「確定した決算」（以下，確定決算という。）に基づく仕組みは，確定決算主義または確定決算基準主義と呼ばれている。わが国の法人税法には，損金に算入することを認める前提として確定決算上の費用または損失としての経理を要求する項目が多く，この点が，わが国の確定決算基準主義を強固なものにしている。

わが国では税務上のこの要求を古くから「損金経理」と呼んでいたことから，法人税法は，「損金経理」という用語を「法人がその確定した決算において費用又は損失として経理することをいう」（法2・二十六）と規定し，固定資産の減価償却や圧縮記帳，繰延資産の償却，各種引当金の計上等に「損金経理」を要求している。この「損金経理」という用語は，法人税法上，例えば減価償却費は，「減価償却資産につきその償却費として……損金の額に算入する金額は，その内国法人が当該事業年度においてその償却費として損金経理をした金額のうち，……当該資産について選定した償却の方法……に基づき政令で定めるところにより計算した金額に達するまでの金額とする」（法31）とされている。ちなみに，このような規定は，繰延資産の償却（法32）や資産の評価損

(法33②),国庫補助金等で取得した固定資産の圧縮記帳(法42),各種の引当金(法52～56の2)等にも見出される。

ところで,課税所得を算定するのに企業会計上の利益算定を基準にすることをドイツ所得税法上の「税務貸借対照表に対する商事貸借対照表の基準性の原則」にならって「基準性原則」の適用とも呼んでいるが,主要な費用または損失に対する損金経理の要請は,「基準性原則」の適用とは逆に,企業会計に対し,初めから税務上有利になることを意図して処理させる傾向を導く。例えば減価償却費は「当該事業年度においてその償却費として損金経理をした金額」(法31)とされているため,企業会計で定額法を選定した場合には,税法は,定率法を認めてはいても税務申告で定率法を選定し課税所得を減じることを許さない。そのため,株価対策等から定額法を選定する企業は税務でも課税所得を多く申告しなければならなくなり,その根拠である損金経理が企業会計にとっては桎梏と考えられてくる。

§5 無償資産の譲渡による益金の認識

「無償による資産の譲渡」を益金とする点について,会計理論の側からは,法人が当該資産を有償で譲渡しその受取代金を贈与した場合と経済的な実態は変わらないので,贈与が総て損金として認められるのであれば収益と費用が両建経理されるだけのことなので「わざわざ収益を擬制して認識する必要はない」[2)]と批判されている。すなわち,この規定は,法人税法が寄付金については事業年度12カ月の一般法人の場合,一般寄付金であればその損金算入限度を〔(課税所得×2.5%+資本金等×0.25%)÷2〕とし(法37①),役員報酬も「不相当に高額な部分」は損金に算入せず(法34①),役員賞与についてもその全額を損金に算入しない(法35①)としている法人税法の規定が意味を持つ場合に限って「実益が生じる」に過ぎないというわけである。

しかしながら,「報告会計としての任務」という点からも,例えば時価5億円(取得原価1億円)の土地を贈与しておきながら1億円の土地を贈与したよ

うに経理することはその「任務を果たしていない」[3]ことになるから，贈与に伴う何らかの効果を考えると，実質は5億円の現金を贈与した場合と変わらない点に留意しておくべきであろう。また，寄付金については，営業活動にとって通常必要な経費であるかどうかも問題になってくる。寄付金は利益の獲得に必要な価値の犠牲額ではなく，また利益を獲得する意志に反して価値が流出する損失とも異なる点で，「利益を処分する価値の流出」という性格も伴うからである。

ちなみに，役員賞与を利益処分と認識するのもけっして税法固有の視点というわけではないし[4]，役員報酬中の「不相当に高額な部分」についても，不相当な役員報酬による企業利益の圧縮については，企業会計においても認識されてよいように思われる。

とすれば，資産等を「無償譲渡」した場合に両建経理によって収益を認識することは，単に経済的な実態を反映するというだけではなく，会計原則がこれまで必ずしも明らかにしてきているとは言えない「費用と利益処分」を区別する判断基準を補う面もあるように思われる。ちなみに，費用と利益処分の判別は，利息と配当金の質的な違いの識別等に必要なだけではなく，「簿記の定則としては，期末の集合勘定としての損益勘定の貸借差額を当期純利益または当期純損失」と言うべきであるのに，法人税額も控除して当期純利益を算定するわが国の企業会計原則の「著しい誤り」[5]を是正する意義もあるように思われる。

ところで，かつて企業会計基準審議会は，「企業の所得が，"継続的に適用される一般に認められた会計原則"に立脚して算定されなければならないことは，今日では税法上においても疑問の余地のないところである」としており[6]この議論は今日でも一般的には妥当すると思われる。しかし，企業からの価値の流出について，それが「費用なのか，あるいは利益処分なのか」という点は，近年の"会計理論"ではあまり論じられなくなってきている。

この点，税法は，両者の峻別がその属性的な課題であることから，この点に関する詳細な基準を設けてきている。ちなみに，そのうち，寄付金や役員賞与，

役員報酬中の不相当に高額な部分などに対する取扱は重要で，そこには，企業会計にとっても参考になる規定が多いように思われる。

第2節　費用と利益処分

§1　企業会計上の費用（損失）と利益処分

　費用とは収益を稼得するために必要な価値の犠牲額であり，その結果として算定される利益の処分である価値の流失（支払配当金や法人税等の利益の処分）は，費用とは質的に異なる。ところが，配当金には借入金利子との違いが資金調達政策の違いでしかない面もあって自己資本利子という視点も出てくるし，法人税についてもこれを費用と考える立場もあって，費用と利益処分を判別する基準は，会計理論上，必ずしも明確ではない。

　この点で，嘗て太田哲三教授は，「積立金と引当金との両者は極めて類似する性質を有し混同される理由もある」とし，「両者はともに決算前後において単なる帳簿上の科目振替によって設定され，いずれも不特定な資産の留保を意味するものである」ことと，「両者はともにその年度の総利益の一部分であって引当金と認めるか積立金となすかの区別は，単にいずれを損失とし，いずれを利益処分とするかの区別に過ぎない」ことにその理由を求められている[7]。ちなみに，教授は，「損失に課して繰り入れられる引当金は利益処分による積立金とは截然と区別」すべきであるが「その中間にあいまいな科目が少なくはない」としてその境界設定の難しさを図解されているが，「損失（費用）か，利益処分か」を判別することの難しさは，「留保」の面だけでなく，流出の面でも考えられなければならない。けだし，教授は流出する純益を「配当賞与」と図解されているが，配当金が利益処分であるのは当然として，賞与の場合には難しい問題も出てくるからである。

§2 税法上の給与

　法人税法では，給与を，(1)給料・報酬と(2)賞与ならびに(3)退職金に区分し，それらも使用人に対するものと役員に対するものとでは取扱を異にしている。
　役員とは「法人の取締役，監査役，理事，監事及び清算人並びにこれら以外の者で法人の経営に従事している者のうち政令で定めるもの」で（法2・十五），政令は，「法人の使用人（職制上使用人としての地位のみを有する者に限る。）以外の者でその経営に従事」しその職務等から見て他の役員と同様に実質的に法人の経営に従事している者としている（令7）。役員に対しては，(1)その報酬のうちの「不相当に高額な部分」と(2)その退職金のうちの「不相当に高額な部分」ならびに(3)賞与を損金から除いている（法34～36）。なお，損金に算入できる役員退職金には損金経理が必要である（法36）。したがって，役員賞与は全額が利益処分とされているが，役員であっても，部長や課長その他使用人としての職務に従事している者についてその使用人としての職務に対応する賞与までも否認するわけにはいかない。そこで，税法は，役員でありながら同時に部長，課長，支店長，工場長，営業所長，支配人，主任のような地位を有し，かつ常時，使用人としての職務に従事する者については「使用人兼務役員」とし，当該職務に対する賞与を他の使用人に対する賞与の支給時期に支給している場合には，損金経理を要件に「相当な額の範囲内」で損金算入を認めている。しかし，社長・理事長，副社長，代表取締役，専務取締役，専務理事，常務取締役，常務理事，清算人その他これらの者に準ずる役員，合名会社や合資会社の業務執行社員，監査役・監事等は，使用人兼務役員になれない。
　使用人兼務役員の報酬は，使用人分としての適正額を超えれば役員報酬となり過大分は損金に算入されない。なお，使用人兼務役員の退職金は役員退職金と同じ扱いである。
　使用人に対する給与は，賞与も含め，原則として総て損金に算入される。
　賞与とは，臨時的に支給される給与（債務の免除による利益その他の経済的

な利益を含む。)のうち退職給与以外のものを言い（法35④），退職給与とは，役員または使用人の退職により支給される一切の給与をいう。賞与および退職給与金以外の給与のうち，使用人に対するものを給料，役員に対するものを報酬と言う。臨時的な支給であっても，他に定期の給与を受けていない者に対し継続して毎年定期の時期に定額（利益に一定の割合を乗ずることになっているものを除く。)を支給する旨の定めに基づいて支給されるもの（非常勤役員の年俸等）は，報酬または給料となる。なお，賞与については債務確定主義が厳格に適用され見積計上は原則として認められない。退職一時金の分割払いでは未払い部分を含めて一括して損金に認められるが，退職給与引当金は繰入限度額が20％にまで切り下げられることになっている（第1章第3節§3）。

ところで，法人税法は，役員に対する賞与を利益処分とするだけでなく，使用人に対する賞与の場合にも，会社が「その確定した決算において利益又は剰余金の処分による経理（利益積立金額をその支給する賞与に充てる経理を含む。)をしたとき」は損金に算入しないとしている（法35③）。そこで，この扱いに対しては，「客観的な事実」が「企業の主観的判断に依存することとなって適当ではない」[8]とも批判されている。

給与についての損金算入規定を一覧表示すれば，次のように整理できる。

[給料・報酬]

役　　　　員　　損金経理を前提にして損金に算入されるが，不相当に高額な部分は損金に算入されない。

使　　用　　人　　総て損金に算入される。

使用人兼務役員　　使用人分→適正額を超える額は役員報酬となる。
　　　　　　　　　役 員 分→過大な部分は損金不算入になる。

[賞　　与]

役　　　　員　　損金に算入されない。

使　　用　　人　　利益処分による場合以外は損金に算入される。

使用人兼務役員　　使用人分→損金経理によって損金に算入される。
　　　　　　　　　役 員 分→損金に算入されない。

第4章　法人税法と企業会計　105

［退職金］
役　　　　員　　損金経理により損金に算入されるが，不相当に高額な部分は損金にならない。
使　用　人　　総て損金に算入される。
使用人兼務役員　総て役員に対する退職金と同じ扱いになる。

§3　寄　付　金

　寄付金とは，「寄付金，拠出金，見舞金，その他いずれの名義をもってするかを問わず，金銭その他の資産又は経済的な利益の贈与又は無償の供与をした場合」のその資産または経済的利益（広告宣伝・見本品等の費用ならびに交際費，接待費，福利厚生費等とされるべきものは除く。）をいう（法37⑤）。「法人の事業に関連を有しない場合（「寄付金」を指す。引用者）は，利益処分の性質をもつと考えるべき」であるから，法人が利益処分とした場合にはもちろん損金には算入されないが，法人が損金経理した場合に「どれだけが費用の性質をもち，どれだけが利益処分の性質をもつかを客観的に判定するか」の判定は難しい[9]。そこで，法人税法は，公平性の維持や国庫からの代替的な支出を認めたのと同じことにならないように，統一的な損金算入限度額制限を設けている。

(1) 一般寄付金の損金算入限度額
　(a) 一般法人の場合（ただし事業年度が12カ月の場合）
　　　［所得金額×2.5％＋期末資本等の金額×0.25％］÷2
　(b) 資本または出資のない普通法人の場合
　　　所得金額×2.5％
　(c) 公益法人の場合
　　(イ) 学校法人または社会福祉法人の場合
　　　　所得金額×50％（年200万円に満たない場合は年200万円）
　　(ロ) 上記以外の公益法人の場合

所得金額×20％
(2) 特定公益増進法人に対する寄付金

教育や社会福祉等への貢献に著しく寄与するものとして政令に列挙された法人（令77①）に対する寄付金でその法人の業務に関連する寄付金が該当し、一般の寄付金の限度額の倍額までの損金算入が認められる。
(3) 国または地方公共団体に対する寄付金

原則としてその全額が損金に算入できる。

なお、法人税法は実際に金銭等を支出していれば仮払寄付金であっても当期の寄付金として認めるが、未払寄付金や手形払の寄付金で未決済のものは当期の寄付金には認めておらず、債務確定主義よりも厳格な現金主義を取っている。

§4 交際費等

交際費等は租税特別措置法によって損金算入要件が厳しく制約されており、昭和57年4月1日から平成13年3月31日までは、資本金が5,000万円を超える法人は交際費等の全額が否認され、資本金が5,000万円以下で1,000万円を超える法人は定額控除限度額（300万円）の20％と300万円を超える支出額が否認され、資本金が1,000万円以下の法人は、定額控除限度額（400万円）の20％と400万円を超える分が損金に算入されない（租法61の4①）。

交際費等とは、交際費、接待費、機密費その他の費用で、法人がその得意先、仕入先その他事業に関係のある者等に対する接待、供応、慰安、贈答その他これらに類する行為のために支出するものをいう。そこで、税務ではこれに対し、「経済倫理の弛緩等によって企業の経理が乱れ、一方では役員及び従業員に対する給与が、遊興費、交際費等の形で支給される傾向が生ずるとともに、他方では役員及び従業員の私的関係者に会社の経費で接待するとか、事業関係者に対しても事業上の必要をこえた接待をする傾向が生じ……企業の資本蓄積が阻害されている」（臨時税制調査会、昭和31年12月答申）ことや、これをそのまま認めると国庫の負担において企業の冗費を容認することになりそのような支

出をしない企業との間の公平さも欠くことなどから，役員に対する機密費，接待費，交際費，旅費等の名義で支給した金額のうち法人の業務に関係がないものは役員に対する給与とすることとし（基通9－2－9），法人が交際費，機密費，接待費等の名義で支出しても費途の不明のものは損金に算入しないことにしている（基通9－7－20）。

　ところで，その損金不算入は，交際費が会計上，費用性を持つのは(イ)費途が明らかで(ロ)事業への関連が明白という2要件が充足されることが必要[10]とされる指摘に対応している。しかし，その2要件は充足されても，節税のために例えば「得意先にお中元やお歳暮として高級品を贈ったり，取引先をゴルフや料亭に接待」するような事態には対応できないこともあって，それらから提起されてくる所得課税それ自体への疑問は深刻である。確かに，言われる通り，「現行税制は，とかく費用の水増しを誘導しがち」で，「その結果浮いたお金が闇の世界に流れるという構図」[11]なども考えられるからである。

　しかしながら，所得課税とはそもそも，激しい景気変動に晒されている現代社会に組み込まれたビルトイン・スタビライザー（自動安定化装置）の重要な一環であって，これを外形標準課税に転換すれば社会の安定化機能が損なわれる。とすれば，その指摘される欠陥には「ピースミール・アプローチ」[12]によって対応するほかはなく，その一環が交際費課税なのであるから，その意味では，嘗て昭和28年度法人税法の改正法案[13]で示されたような，寄付金の一部損金不算入に準じる規定を法人税法に設ける議論もあってよいように思われる。

§5　利益処分の「費用」化

　企業からの流出（支出）が「費用」としての流出なのかあるいは「利益処分」としての流出なのかという点の判別では，社会的公平の維持という視点も見逃せないように思われる。配当や役員賞与が「費用」とされると，利益は際限なく縮小し，法人税は意識的に減少できるからである。しかし，昨今の会計理論では，役員賞与はおろか，配当まで費用と考える議論が多くなっており，「費

用」か「利益処分」かという点の判別までも,目的によって異なるとする議論が通説化してきている。しかし,役員賞与については会計理論上も利益処分とされてきており[14],利益処分の「費用」化が進むと,企業成果(したがって企業の利益)を算定するという企業会計の本質が変わってきてしまい,一般投資家に情報さえ提供すればそれが会計であるという企業会計の拡散がますます進行してきてしまうように思われる。

第3節　同族会社とその行為・計算の否認

§1　同族会社

　わが国では実態が個人企業と異ならない法人が多く,所有と経営が結合しているため,家族構成員を役員または従業員としてこれに給与を支払って所得を分割したり,利益を内部に留保して法人税率よりも高い所得の累進税率を回避する傾向も見られる。そこで,税法はこれらの法人を同族会社として特別税率を適用する外,その行為または計算の否認も規定している。

　同族会社とは,発行済株式の総数または出資金額の50％以上が3人以下の株主等(株式会社では株主,合資会社や有限会社では社員)とその同族関係者によって所有されている会社を言う(法2・十)。株主等の1人とその同族関係者で1つのグループとし,そのグループが3つ以下で出資持分の過半数を所有している会社のことで,同族会社は普通法人の約98％にも及んでいる。同族関係者はその株主等の親族(配偶者,6親等以内の血族,3親等以内の姻族),事実上婚姻関係にある者などの個人の外,法人でもよく,例えば,同族会社か否かを判定する会社(X社)の個人株主の一人(A)が他の会社(B社)の株式の50％以上を所有する場合,B社は個人株主Aの同族関係者となる。

　同族会社と判定する株主等の中に同族会社でない法人(非同族会社)が含まれているとき,その会社を除外して判定すると同族会社にならない会社を非同

族の同族会社と言う。非同族の同族会社は，大企業の子会社に多く見られる[15]。

§2 同族会社の留保金課税

　法人税法は，個人企業と同族会社との間の負担の公平を図るため，同族会社に対しては通常の法人税のほかにその内部留保に対して特別の法人税を課すことにしている。これを同族会社の留保金課税という。課税の対象となるのは，各事業年度の留保金額のうち，留保控除額を超える部分の金額であり，この金額に対し3段階の超過累進税率（3,000万円以下に10％，3,000万円超〜1億円以下に15％，1億円超に20％）で課税される（法67）。留保控除額は，①当該事業年度の所得等の金額の35％と，②1,500万円，および③期末資本金額×25％－期末利益積立金額の三者のうち，最も多い金額とされている。このように，留保控除額を超える部分だけに課税しているのは，「法人の正常な活動のために必要な合理的な留保あるいは債権者の保護のために必要な利益の積立を課税の対象とするのは適当でないからである」[16]とされている。

§3 同族会社の行為または計算の否認

　同族会社においては，経営が出資者から分離されていない場合が多い。そのため，通常の企業取引においては考えられないような取引がなされることがある。しかし，そのような取引（行為）や計算をそのまま認めると，法人税額は不当に低くなる。そこで，これらの行為または計算を否認するために，「同族会社の行為または計算の否認」が規定されている（法132①）。
　その典型的な行為または計算の否認は次のようなものである。
① 時価以上に過大に評価された役員等の現物出資
　　例えば時価1,000万円の建物を5,000万円と評価してこれを出資として受け入れた場合，他の条件が同じであればその減価償却費は5倍になるし，また，寄付金として損金に算入できる限度額も増加する。そこで，会社に

よるこのような計算は租税負担を不当に回避するものとして否認される。
② 役員等からの不当に高い価額による資産の購入
　　時価1,000万円の建物を5,000万円と評価して購入した場合に，企業が
　　（借）建　　　物　50,000,000　　（貸）現　　　金　50,000,000
　と仕訳しても，税務では
　　（借）建　　　物　10,000,000　　（貸）現　　　金　50,000,000
　　（借）役 員 賞 与　40,000,000
　とされる。なお，役員賞与は，損金として認められない。
③ 役員等に対する会社の資産の不当に低い譲渡
　　時価5,000万円（簿価1,000万円）の土地を簿価で譲渡して，企業が
　　（借）現　　　金　10,000,000　　（貸）土　　　地　10,000,000
　と仕訳しても，税務では
　　（借）現　　　金　10,000,000　　（貸）土　　　地　10,000,000
　　（借）役 員 賞 与　40,000,000　　（貸）譲　渡　益　40,000,000
　とされる。なお，役員賞与は損金にならない（上記・②参照）。
④ 役員等への過大な給与の支払い
　　企業が会計帳簿の上で役員報酬を過大に支払った場合には，税務では役員賞与と認定されて損金にならない。
⑤ 役員等に対する過大な利子や賃借料等の支払い
　　企業が会計帳簿上で役員からの資産の借入や借入金に対して異常に高額な支払いをしている場合，税務では役員賞与と認定される。
⑥ 役員等の不良債権の肩代わりや役員等の債務の引受
　　これらも税務では役員賞与と認定され，損金にならない。
　ところで，時価以上に過大に評価された現物出資や不当に高い価格による資産の購入，会社資産の不当に低廉な譲渡等は同族会社だけで行われるとは限らず，一般投資家が投資対象とする大企業等にも見受けられる。しかし，同族会社の行為または計算の否認については，「非同族の同族会社」にも適用されるが[17]「同族会社に限定されているところに問題がある」[18]とされている。

ところで，税法が，同族会社に限られるとはいえ，企業会計ではあまり問題とされない利益処分の局面において時価を追求している点については，今日のいわゆる「時価会計」の展開に対し，本来の「公正妥当と認められる会計処理」の方向に導く性格も有しているように思われる。それというのも，投資情報を提供するという局面だけが重視されるようになると，費用と利益処分（課税，配当等）の境界が不鮮明になり，支払義務（「債務」）の発生がそのまま「費用」の発生と見なされる傾向も強まってくるからである。その点で，税法の利益処分の局面における時価の追求は現代の会計理論に対しても意義をもってくるように思われるし，そのような「時価」には，投資情報としてだけでなく，「企業活動の規制や課税政策の決定，さらには国民所得統計等の基礎として用いる」（F・9項(f)）ことも予定されてよい性格があるようにも思われる。ちなみに，税法が，流入してくる「価値（収益）」や流出する「費消価値（費用・損失）」をできるだけ現実（＝時価）を反映するようにしている点は，損益法（費用収益アプローチ）の本来の意義を示しているように思われる。

第4節　圧　縮　記　帳

§1　圧縮記帳の意義

資産の貸借対照表価額は，取得価額を基礎にするのが原則である。しかし，資産を交換によって取得しても，税法では，その取得のために通常要する価額（時価）で評価するため，交換差益（譲渡益）が発生する。しかし，同一の用途に供されている固定資産の交換の場合，その固定資産で生産される製品が販売される前にその交換差益を譲渡益として課税することは，固定資産に投下された資本の維持を損なう。そこで，税法は，相互に1年以上所有する同種の固定資産（土地，建物，機械および装置，船舶，鉱業権）で同一の用途に供されており，等価に近く取得資産の時価と譲渡資産の時価の差額がそれらの時価の

うちいずれか多い金額の20％相当額を超えない場合には，交換差益を圧縮して記帳する圧縮記帳を認めている（法50①②）。交換の前後での「投資の継続性と同一性」[19]が認められたもので，そこには，「交換に損益なし」という企業会計原則の考え方が反映している。なお，国土の有効利用のために，国や地方公共団体が好ましいと認めた特定の土地等（買換資産）を取得するためになされる土地等（譲渡資産）の譲渡で生じる譲渡益に対しても圧縮記帳は認められている（措法65の7）。

圧縮記帳は，固定資産の評価増や資本的支出に充てるための国庫補助金や保険差益などにも認められているが，それは，インフレーションによって投下資本の実質的な維持が損なわれる事態への懸念や，株主以外の第三者（国家等）が企業の資本的支出を補助するような場合にその補助額を直ちに処分（配当，課税）するわけにはいかないことから認められたもので，「企業会計原則」はその圧縮額をかつては「その他の資本剰余金」としていたが，税法は　商法とともにこれを認めず，その後は企業会計原則も圧縮記帳を認めるようになってきている。

ところで，圧縮記帳という取扱は，その「圧縮額」を損益計算書には計上しないで，貸借対照表の資本の部に直接記入するいわゆる「資本直入」の方式とは逆の処理であり，その性格は，企業が事業部等を子会社とした場合のその子会社株式の圧縮記帳（＝「特定の現物出資等によって取得した有価証券の圧縮記帳」，本書・第3章第2節§2参照）にも示されている。

圧縮記帳は，上記の例の外，次のようなものが代表的である。

§2　国庫補助金と工事負担金

企業会計原則は，固定資産を取得するために受け入れた国庫補助金や工事負担金等を，企業が社会的な給付能力を発揮する一つの源泉として資本剰余金としている。しかし税法は，商法がこれを資本準備金と認めないことにならってこれを課税所得（益金）とし，直ちに課税すると補助金等の目的が妨げられる

ことから,その固定資産を補助金等の額だけ圧縮記帳し,補助金等による益金をその圧縮損と相殺して課税を延期することにしている。

例えば,公害防止設備(400万円)の設置が半額補助の条件で義務づけられ,補助金200万円の交付を受け,その充当によって当該設備を取得した場合

(1) (借) 現　　　　金　2,000,000　　(貸) 国庫補助金(益金)　2,000,000
(2) (借) 公害防止設備　4,000,000　　(貸) 現　　　　金　4,000,000

と仕訳し,その取得設備を,この補助金(益金)分だけ次のように圧縮する。

(3) (借) 圧　縮　損　2,000,000　　(貸) 公害防止設備　2,000,000

```
        国庫補助金（益金）              公害防止設備
                 │(1) 2,000,000      (2) 4,000,000 │(3) 2,000,000

    公害防止設備圧縮損（損金）
    (3)  2,000,000  │
```

この場合,国庫補助金は回収されないからその再設置には再び国庫補助が必要になるが,企業会計原則は,それは国庫補助金を交付する趣旨にそぐわないということでこれを資本剰余金としたものと考えられる。

§3　保険差益等

保険差益は,例えば2億円の火災保険に加入中の帳簿価額1億円の建物が火災に遭遇して保険金2億円を受け取った場合,次のように出てくる。

(1) (借) 当 座 預 金 200,000,000　　(貸) 建　　　物　100,000,000
　　　　　　　　　　　　　　　　　　　　　保 険 差 益　100,000,000

この場合,保険差益は貨幣価値の変動に基づく建物の再評価差額であり,税法はこれを益金としているが,直ちに課税したのでは火災保険の目的は達成されない。そこで,この受取保険金で新建物を取得したとすれば

(2) (借) 建　　　物 200,000,000　　(貸) 当 座 預 金 200,000,000

となるが,税法は,この建物に対し次のように保険差益相当分の圧縮記帳を認

めている。

(3) (借) 圧　　縮　　損 100,000,000　　 (貸) 建　　　　　物 100,000,000

　ところで、企業会計原則は保険差益を資本剰余金とするが、沼田嘉穂教授は、「その主張を正しいものとして通すには、悉くの固定資産についての償却費の計上は時価による（すなわち時価償却）ことをまず主張し、これを前提にしなければならない」として、「災害を被ったために高い償却費を計上できるとすれば、全くの焼け太りである」[20]と批判されている。確かに、消失した建物が借入金で取得されていたとすれば、その借入金を返済した後に企業の手元に残る建物の取得価額分は、自己の所有に帰したものとして「利益」であるからである。

　しかし、他方、保険の対象となる資産（固定資産）の取得に充当された資金が自己資金である場合、その保険差益を資本剰余金とすることは「焼け太り」というわけにはいかない。当該固定資産が基本的にその事業の用に供されるものとして絶えずその実体的な維持が要請されているとすればこれは処分するわけにいかないからである。ちなみに、この点は、その差益部分を損益計算書では計上しないで、貸借対照表の資本の部に直接記入するいわゆる「資本直入」とは逆の処理であり、現代会計理論の根幹に係わる問題を提起している。

(注)
1)　日本経済新聞、1999年8月26日付。
2)　中村　忠・成松洋一『企業会計と法人税』、税務経理協会、平成4年、152頁。
3)　武田昌輔『新版税務会計通論』、森山書店、昭和45年、49頁。
4)　太田哲三『新稿・会計学（補訂版）』、千倉書房、昭和44年、125頁。
5)　沼田嘉穂『企業会計原則を裁く』、同文舘、昭和54年、90頁。
6)　経済安定本部企業会計基準審議会中間報告『税法と企業会計原則との調整に関する意見書』（昭和27年6月16日）、総論第1。
7)　前掲4) 太田、124～125頁。
8)　武田昌輔『企業会計と税法（新訂版）』、森山書店、1983年、13頁。
9)　金子　宏『租税法・第7版』、弘文堂、平成11年、279頁。
10)　武田隆二『法人税法精説・平成10年版』、森山書店、1998年、503頁。
11)　田中　弘「確定決算主義における六つの弊害」『税経通信』、1999年12月号、37～

38頁。
12)　田中　弘『原点復帰の会計学』, 税務経理協会, 1999年, 46〜47頁。
13)　山本守之『交際費の理論と実務』, 税務経理協会, 2000年, 1〜2頁。
14)　前掲4) 太田, 125頁・図参照。
15)　前掲10) 武田, 818頁。
16)　金子　宏『法人税法』(第7版), 平成11年, 313頁。
17)　前掲10) 武田, 817頁。
18)　武田昌輔『新版・税務会計通論』1977年 (52年版), 森山書店, 34頁。
19)　前掲10) 武田, 441頁。
20)　前掲5) 沼田, 126頁。

第5章　情報会計とトライアングル体制

第1節　情報会計と公正会計処理基準

§1　情報会計の要請

　会計を「利用者が事情に精通して判断や意思決定ができるように，経済的情報を識別し，測定し，伝達する過程」[1]としてだけ捉えると，会計の対象は著しく拡大し，配当可能利益や課税所得の算定は商法や税法に委ね，企業会計は会計情報の作成と伝達の技術に徹しようとする傾向が強まり，原始証憑・伝票から仕訳帳，元帳と転記する会計帳簿に基づく財務諸表作成は会計の一部にすぎなくなってくる。そして，連結子会社の資産や負債を時価で評価する連結財務諸表が中心になってくると財務情報は決定的に帳簿記録から遊離するが，しかし，利益予測に関心のある投資家が求める時価情報には，実態から遊離したバブル期の株価や地価のような「虚」の世界に対応する情報も含まれてくる。

　ところで，ソロスは，株式市場が報告利益の最大化を追求する経営者を支持するようになっているアメリカに較べ，ヨーロッパでは「企業は伝統的に，社会的イメージにおいても会計報告においても利益を目立たせないようにしてきた」が，「グローバル競争の圧力によって財務強化の圧力が強まり，資本調達のためにも買収の手段としても（→低い株価は買収される魅力となる。）株価が重要になってきている」としているが[2]，時価情報が求められる背景には，このような資本調達上の政策的要請が存在している。

しかし，時価情報は，これまで企業会計原則が商法や税法に要求してきた「公正な会計慣行」ないし「一般に公正妥当と認められる会計処理の基準」（「公正処理基準」）とはかなり異なっており，「種々の目的のために異なる形式の財務諸表を作成する必要がある場合，それらの内容は，信頼しうる会計記録に基づいて作成されたものであって，政策の考慮のために事実の真実な表示をゆがめてはならない」（一般原則・七）とする単一性の原則とも抵触するようになってくる。

§2 わが国の公正処理基準

わが国の企業会計制度は主に商法（→計算書類規則）会計，証券取引法（→財務諸表規則等）会計ならびに法人税法（→同施行令，同施行規則等）会計の3つの領域からなるが，これらは，相互に関連し合っている。そこで，新井清光教授は，この関係をトライアングル体制と名づけ，企業会計原則は「証券取引法会計を支える会計基準として，同法の制定以来今日まで，直接的（明文上）または間接的（解釈上・事実上）にその役割を果たしてきており，両者は一体的である」[3]として，企業会計原則を証券取引法会計の中に含められている（図1参照）。

証券取引法は大蔵大臣が「一般に公正妥当であると認められる」ところ（「企業会計原則」）に従って財務諸表等規則（大蔵省令）による財務諸表の作成を命じており（証法193），証券取引法は，企業会計原則の具体化と考えられるからである。

ちなみに，商法が「公正な会計慣行を斟酌する」（商32②）とし，法人税法が「別段の定め」がなければ「一般に公正妥当と認められる会計処理の基準」に従う（法22④）とした点も，企業会計原則の要請によるものであった。

すなわち，企業会計原則は，商法や税法に対し損益法の導入を迫り，商法は従来の債権者保護（資本充実の原則）の立場では認め難かった擬制資産（開発費や試験研究費，開業費等の繰延資産）を容認して企業会計原則に妥協し，税

図1　トライアングル体制

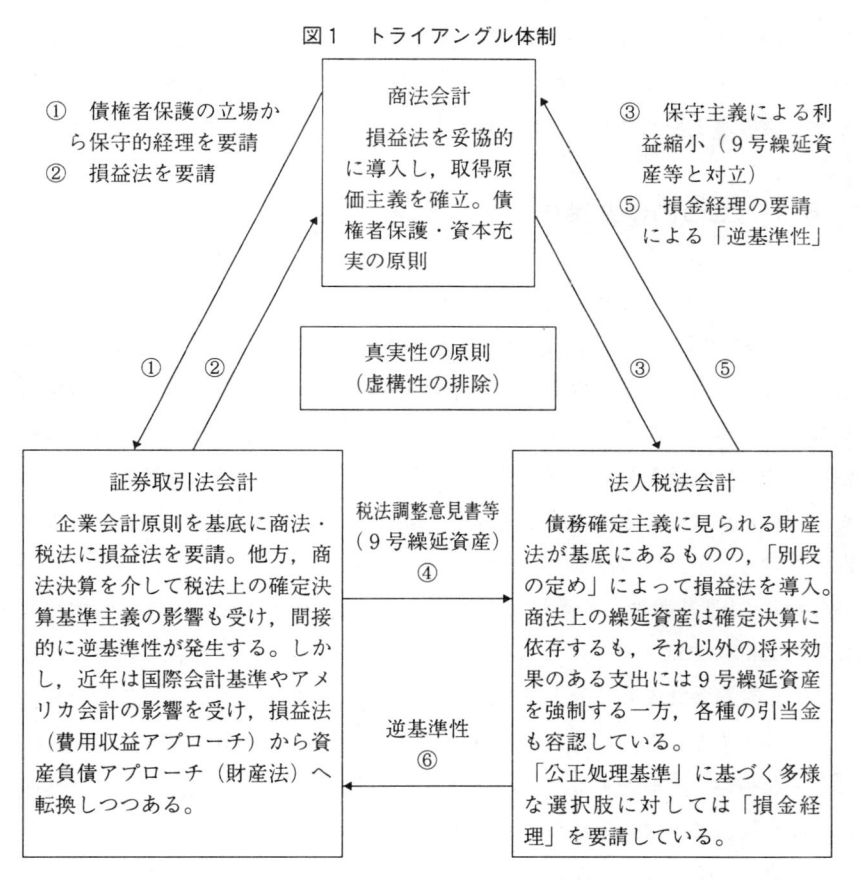

```
                        ┌─────────────────┐
                        │   商法会計       │
① 債権者保護の立場か    │ 損益法を妥協的   │  ③ 保守主義による利
   ら保守的経理を要請   │ に導入し、取得原 │     益縮小（9号繰延資
② 損益法を要請          │ 価主義を確立。債 │     産等と対立）
                        │ 権者保護・資本充 │  ⑤ 損金経理の要請
                        │ 実の原則         │     による「逆基準性」
                        └─────────────────┘

                        ┌─────────────────┐
        ① ②            │  真実性の原則   │    ③ ⑤
                        │ （虚構性の排除） │
                        └─────────────────┘

┌──────────────────────┐                    ┌──────────────────────┐
│  証券取引法会計       │ 税法調整意見書等  │   法人税法会計         │
│ 企業会計原則を基底に  │（9号繰延資産）    │ 債務確定主義に見られ  │
│ 商法・税法に損益法を  │      ④           │ る財産法が基底にある  │
│ 要請。他方、商法決算  │                   │ ものの、「別段の定め」│
│ を介して税法上の確定  │                   │ によって損益法を導入。│
│ 決算基準主義の影響も  │                   │ 商法上の繰延資産は確  │
│ 受け、間接的に逆基準  │                   │ 定決算に依存するも、  │
│ 性が発生する。しかし、│                   │ それ以外の将来効果の  │
│ 近年は国際会計基準や  │   逆基準性        │ ある支出には9号繰延資 │
│ アメリカ会計の影響を  │      ⑥           │ 産を強制する一方、各  │
│ 受け、損益法（費用収  │                   │ 種の引当金も容認して  │
│ 益アプローチ）から資  │                   │ いる。                │
│ 産負債アプローチ（財  │                   │ 「公正処理基準」に基  │
│ 産法）へ転換しつつあ  │                   │ づく多様な選択肢に対  │
│ る。                  │                   │ しては「損金経理」を  │
│                       │                   │ 要請している。        │
└──────────────────────┘                    └──────────────────────┘
```

法は、債務確定主義の立場から認め難かった引当金（特別修繕引当金や製品保証等引当金等）を許容する一方、同一事象に対する複数の処理法からの選択に対しては「損金経理」を要請して課税の公平というその基本理念との調整を図ったのである。

　ところが、国際会計基準は、わが国の商法や税法がそのような経緯から依拠するようになった「損益法（＝公正処理基準）」とは逆の財産法的な立場から多くの局面で時価情報の開示を要求してきている。そのため、わが国では、「損金経理」を前提にして課税所得を計算する確定決算基準主義が時価情報の

開示を阻むとする議論がこれまでになく高まり，ここに，企業会計は投資情報の提供に特化し，配当や課税等の処分可能利益を算定する会計からは切り離すとする議論が支配的になってきている。

§3　二つの逆基準性

　税法上の確定決算基準主義は，「逆基準性」を伴うとして批判されてきている。「逆基準性」とは，税法が損金算入を認める前提として「損金経理」を要求することから企業は節税効果が期待できる決算を行うため，実質的には税法が基準になってしまうということを指している。この批判では，債権者保護や納税目的では利益が少なくなる方法を選び，投資家に対する投資情報としては多くの利益が計上できる方法を使うような「使い分け」を許さない企業会計原則における「単一性の原則」も批判されてくる。

　しかし，「逆基準性」と言われる現象には，会計処理を歪曲する特別償却等を財務会計に強制する"ほんらいの逆基準性"と，「損金経理」を前提とすることから財務会計でも「公正な会計慣行」として認められている処理を財務会計に「強制する」ように見える"いわゆる逆基準性"があり（図2），後者は，「正確な利益」を申告するために「公正な会計慣行」として会計側がその処理の承認を税法に要求しそれが認められたものが大半である点で，必ずしも企業会計を歪曲するとは言えない。後者（＝"いわゆる逆基準性"）の場合には，アメリカ税法の後入先出法に対する財務会計との一致を求める要求［＝一致要求］の目的として言われているように，税務当局はその処理が「正しく企業利益を反映しているかどうかを企業の帳簿記録によって確認する」[4] ところにその意義があるからである。

　ちなみに，この場合，財務会計では税務申告と異なる処理の方が妥当（＝「より正確な利益の計算」）というのでは，税務計算の方は恩恵的に許されている処理ということになり，企業は，「公正な会計慣行」として要求した会計処理を「恩恵的」な処理として利用していることになって，当初の"視座"を

図2　「逆基準性」の図解

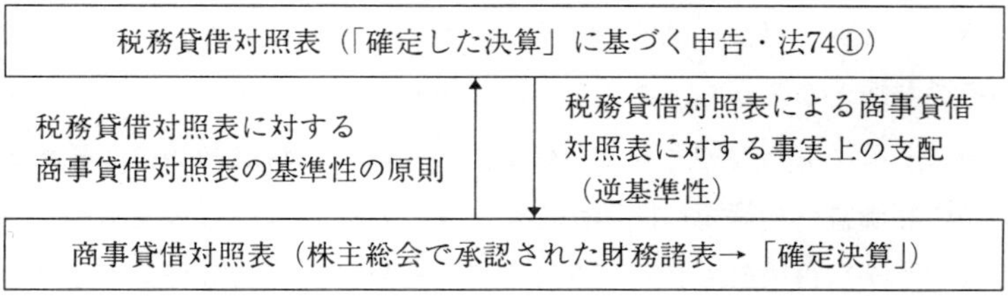

```
┌─────────────────────────────────────────────────────┐
│  税務貸借対照表（「確定した決算」に基づく申告・法74①）  │
└─────────────────────────────────────────────────────┘
    ↑                              │
税務貸借対照表に対する       税務貸借対照表による商事貸借
商事貸借対照表の基準性の原則   対照表に対する事実上の支配
                              （逆基準性）
    │                              ↓
┌─────────────────────────────────────────────────────┐
│ 商事貸借対照表（株主総会で承認された財務諸表→「確定決算」）│
└─────────────────────────────────────────────────────┘
```

移動させることになってしまうのである。

§4　情報会計による視座の移動と企業会計の本質

　企業会計の重心が投資情報を提供する手段としての財務諸表の作成に置かれるようになると，税法上の利益（＝課税所得）は，政策的な概念と解釈される傾向が強まってくる。しかし，財務諸表の目的で如何に情報伝達機能が重視されようとも，その情報は「正確な利益」を前提にしていなければならないし，そもそも，課税所得が本質的に企業利益と異なるのであれば，「課税所得は，企業会計によって算出された企業利益を基礎とするものである」[5]とした企業会計審議会の税法に対する要請は見当外れであったことになり，また，企業会計側が税法に対し「公正な会計慣行」として要求しそれが認められた場合において，財務会計ではそれと別の処理法を用いるというのでは，企業会計側は，当初の"視座"を「恩恵的な処理」に変えてしまったことになる。ちなみに，税法が多くの「公正処理基準」を受け入れて来ている事情を踏まえてこの点を考えてみると，「確定した決算」に基づく申告（法74①）を単純に廃棄することは，税法にとっては「屋上に上って梯子を外される」ようなものであろう。

　この点で，商法は平成11年の改正で金融商品会計基準を受け入れ，売買目的の有価証券やデリバティブに対する時価評価を認めその評価差益は「利益」と認めたが，時価評価によって増加した純資産額を配当可能利益から除き（商290①六），その評価差益が試験研究費や開発費等とは違って市場価値を有していることを考慮していない。したがって，この配当制限規定は繰延資産の場合

の配当制限とは質的に異なっており,財産法的視点からの「政策」的制限と考えられる。この点,税法にはそのような政策的な要請はなく「確定した決算」だけがその基準となるから,この配当制限条項もトライアングル体制の解体を指向することにはならないと考えられる。ちなみに,現金同等物と考えられる金融商品の評価益への課税に問題があるとすればそれは会計理論上の「資本と利益の区別」から再検討されるべきもので,それこそが会計理論の本来の使命と考えられる。

　そこで,そのような再検討を前提にして,「一般に公正妥当と認められる会計処理の基準」に従っている法人がその「確定した決算」において自らに最も適した方法を採用した場合には税務当局もこれを尊重してその企業意志を税務判断の基準とするという考え方を「確定決算基準主義」と呼び,これを商法上の決算数値そのものだけに固執して企業会計を歪曲する(→"逆基準性"を惹起する)ようないわゆる「確定決算主義」と区別してみると[6],トライアングル体制については,これをばらばらに解体するのではなく,逆に,「トライアングル」の中心に「信頼しうる会計記録に基づいて作成され……政策の考慮のために事実の真実な表示を歪め」ない"出来るだけ客観化し得る企業の成果(利益→所得)の算定基準"を置き,「一般に認められた会計原則」を追求するという,まさに「真実性の追求」が,いっそう重要な課題になってくる。

　この点で,「企業会計の本質は,企業の成果を計算することである」[7]という指摘はきわめて重要である。けだし,企業会計においてもその本質から理論を構築するという原点に立ち返るならば,トライアングル体制においては,企業の成果(→利益)の算定という企業会計のほんらいの機能がさらに発揮できることになるし,またその提供する情報の質も高められ,企業利益を算定する"視座"を移動させなくてもよいような論理自体の発展も期待できるからである。

　ところが,時価情報を志向する情報会計においては財務諸表が帳簿記録から遊離して報告されることによる数値の信憑性がまず問題になるが,それ以上に問題になるのは,情報会計では多くのことが「情報の提供」という機能に従属

し，現象がその本質から区別できなくなってくることである。しかし，現象が本質から区別されないと，せっかく国際会計基準委員会が1989年に示した公開草案第32号（E32）の重要な課題であった選択肢の抑制（工事完成基準の除外等）という目的も，大きく損なわれてくる。本質から切り放された現象は，多様な会計処理を可能にするからである。

　この点で，新井教授が，証取法（会計原則を含む）が税法にも重要な積極的役割を果たし得ることを，「会計学の視点から見るならば，会計学の研究において，昭和40年代までの企業会計原則や会計学会が積極的に果たした後者（→企業会計原則や会計学会を指す。引用者）の役割を自ら放棄することは，会計学自体の発展のためにも，また税務会計の充実（法人税法における公正処理基準の理論的および具体的な内容の充実）のためにも好ましいことではないと思われる」[8]とされた指摘はきわめて重要である。ちなみに，教授はこの点を教授の図解に即して，「4（→教授のトライアングル体制の図解における証取法会計の領域から税法会計の領域に対する矢印の線を指す。引用者）については，企業会計原則と税法会計との分離よりは，双方の発展のために，企業会計原則（とくに会計学）の側において，税法会計に対する補充的・補完的役割を充実していく必要がある」とされているが，この点こそは，税務会計論が，その存在意義に係わる指摘として受け止めなければならないことのように思われる。

§5　情報会計における現象と本質の混同

　今日，いわゆる情報会計が要求している時価会計では，井尻教授が言われるように，「時価主義になれば少なくとも貸借対照表については記録（Record）と報告（Report）が完全に分離し……，資産負債の一つひとつの貸借対照表日現在での数量と価格を確認できれば，過去のデータは一切不要……で，期末の棚卸し等で数量を確認しこれに時価を掛けるだけという，まさに単式簿記時代のイタリア商人のやり方に逆戻りする」[9]。しかし，「このような記録と報告の分離は誠に危険で，分離によって両者の質が落ちることは明らかで……，

貸借対照表の時価評価の勘定科目が一つずつ増えるごとに記録と報告のくさびが1本ずつ抜かれていくわけで，問題が起きる可能性は大きくなる」（同）。この点，「原価主義では原価は過去の記録から計算するという記録と報告に密接な関係があるからこそ，報告の数字に信憑性が生まれ，また記録やそれに基づくコントロールの質を高めることができる」（同）。そこで，取得原価主義はその検証可能性から「公正な会計慣行」として承認されるようになったのでもあるが，その承認の最も大きな根拠には，20世紀に入ってからの固定資産の比重の著しい増大が挙げられる。棚卸資産の場合には「期末の棚卸し等で数量を確認しこれに時価を掛ける」ことで検証は不能でも再調達原価等は相対的には容易に求められるが，固定資産の場合には企業独自の仕様もなされまた事業の用に供されている点で市場から切り離されており，その費消価値はもちろん，在高計算も困難であるからである。したがって，取得原価主義は，基本的には固定資産の減価の測定が著しく困難なことに求められるのであるが，実体経済を対象とするかぎり次のような市場経済の属性も重要な根拠になっている。

　すなわち，市場経済は利益を求める経済として成り立つが，利益は，商品（製品）が売れない限り認識するわけにはいかない。需要構造が変わっては，商品（製品）は価値を喪失するからである。その点を，「貨幣（G）→商品（W）→より大きな貨幣（G'）」（若しくは「貨幣（G）→原材料等（W）……生産過程（p）……製品（W'）→より大きな貨幣（G'）」）という投下資本の循環過程に即して言えば，取扱商品（W）の量的な増大は当該商品の需要が減少したような場合，いかにその商品量が増えても利益は生じたことにならないし，また製造業の場合で言えば如何に機械設備が増えてもそれが陳腐化すれば損失が増えるだけで利益があったことにはならないことが示すように，「より大きな貨幣（G'）」となる以前に利益（貨幣の増加分）を認識するようなことは，喩えて言えば漁場に魚がいるだけで釣り上げたと錯覚するようなものである。したがって，利益は，貨幣（G）→より大きな貨幣（G'）という貨幣資本の循環から認識するほかはなく，実体経済を対象とするかぎり原価主義に従わざるを得ないのであるが，情報ということだけになると事情は一変し，

次のような局面では現象が本質と混同され，実態または実体からは遊離してしまうのである。

(1) 資　本　金

井尻雄士教授は，アメリカ会計における，株式会社の資本金を「発行済み株式数×株価」を「包括資本」として「自己開発ののれんの額を導き出すことにしてはどうか」とする案を紹介されている[10]。しかし，株価とは投機によっても膨張するのでこれを自己開発のれんというわけにはいかないのであるが，このことは，もし企業に出資された資本金がすべて株式やデリバティブ等の金融商品の取得に充当されその金融資産が時価（公正価値）で表示された場合，この「案」によると，その購入資金（取得原価）との差額（運用益）などは「包括資本」に埋没することになってくる。ちなみに，そこでは実際に企業で機能している現実資本が擬制資本に組み替えられ，資本と利益の区別も無くなってくるが，その区別の消失は，連結財務諸表における連結子会社の資本概念の消滅や少数株主持分（親会社以外の株主の持分）の「負債」化によって促進され，株主有限責任に守られた株式会社制度を大きく揺さぶるように思われる。

(2) 社債の割引現在価値

大規模な設備投資の資金を金利が低い時に社債を発行して調達し，その後，満期前に金利が上昇して社債の時価が下落した場合にその社債を時価評価して償還益を計上したような場合，実際に買入償還するとすれば高利で長期資金を借り入れなければならないことになるので，そのような償還益の計上は現実から遊離している[11]。つまり，このような時価情報は実態から遊離した情報としての「現象」に過ぎず，社債によって調達した資金が企業においてどのように機能しているかというその実態を考慮外においてしまっている。ちなみに，その実態は，企業内で実際に機能している資本という実体に制約されており，「現象」たる情報からは区別されなければならない。

(3) 繰延税金債務

情報会計ではあらゆる情報が対象になり，費用も利益処分（＝利益の分配）

も企業からの外部への「流出」として同一視され，企業の利益に課される法人税も費用と見なされてくる。そして，例えば税法が減価償却に加速償却を恩恵的に認めている場合，当該資産の会計帳簿上の価額は税務上の価額を上回るので，その税上の加速償却（後期に比しての償却費増）は将来の税上の償却費減となりそれだけ将来の課税所得の増加（「増税」）を引き起こす。そこで，これを当期の費用とする処理（このような処理を「税効果会計」と言う。）も生まれるが，コーラーの『会計学辞典』は，繰延税金（deferred tax）を，「繰延貸方項目（deferred credit）または長期負債（longterm liability）の何れで処理しても一種の平準化準備金（equalization reserve）」でしかなく，「利益平準化の一方策である」として[12]，税効果が利益の計算とは関係のないことも明らかにしている。ちなみに，税効果を費用の「発生」と認識することは，「未だ発生していない将来の利益」に課される法人税をすでに「発生している費用」とする点で，発生主義会計における「発生」概念を著しく拡張していると考えられる。

したがって，繰延税債務（deffered income tax liability）とは当期に課税所得が企業利益を下回りその下回った分だけ「後の期」の課税所得が企業利益を上回り，その上回ることによる（後の期の）増税分を当期において予測し，その予測分を当期の税額に加算する貸方項目であるから，もしその「後の期」に課税所得がなければ減税は恒久化することになってしまう。ちなみに，これは，有税引当金を計上しその分を前払法人税として税効果（利益）を計上しても同様に考えられる。

いま，法人税率を50％とし，税法上認められない修繕引当金80を9月末日決算で計上するとし，同引当金控除前の利益が200である場合を考えてみた場合，同社の法人税は100となるので，40だけ早目に支払ったことになるその40は"前払い"ということになる。そこで，40だけ法人税の支出を帳消しにする「税効果」勘定を設定し，法人税支出を「費用」と考えてその「税効果」を「利益」としその借方科目を「繰延法人税」（＝前払法人税）として処理するのが税効果会計で，次のような仕訳によってその有効性が指摘されている。

9／30

| （借）繰　延　税　金 | 40 | （貸）税　効　果 | 40 |

　　　（前払法人税）

　こうすれば確かに同社の税引後利益は，修繕引当金が認められた場合の利益（120）に対する課税（60）を控除した後の利益に一致するからである。ちなみに，同社は，翌期の例えば10月31日に修繕を行うとすると，次のように考えられてくる。

10／31

| （借）修　繕　引　当　金 | 80 | （貸）現　　　　　金 | 80 |
| （借）税　　効　　果 | 40 | （貸）繰　延　税　金 | 40 |

　　　　　　　　　　　　　　　　　　　　（前払法人税）

　つまり，同社は，「税効果」を意識しない場合には，次のようになっている。

修繕引当金控除前の企業利益＝課税所得（a）	200
修繕引当金（b）	80
修繕引当金控除後の企業利益（a－b）	120
法　人　税（a×50％＝c）	100
税引後当期利益（a－b－c）	20

　そこで，税効果40（d）を「利益」と考え税引後利益に追加すると，次のようになる。

| 　　税効果会計による「税引後当期利益」（a－b－c＋d） | 60 |

　こうして，税効果会計による「税引後利益」は有税の修繕引当金80に対する法人税40を含んで表示され，その税効果40（利益）は「前払法人税（［借方］繰延税金）」を相殺するものとして設けられ，翌期に修繕した段階で解消する。しかし，その「解消」も，企業の再構築や減損の計上等で欠損が生じそれが長期間繰り越されると霧散する可能性も生じる。ちなみに，「利益平準化に止まる繰延税金」（コーラー『会計学辞典』）も許容する投資情報というだけの次元であれば，同じく「利益平準化」を意図する例えば利益に応じた減価償却等も可能になってしまうように思われる。

§6　確定決算基準主義の意義

　企業会計の重心が投資家の意思決定に有用な情報の提供に置かれるようになると，税法上の利益（＝課税所得）は，政策的な概念と解釈される傾向が強まってくる。そして，例えば売上原価の計算において，企業会計（情報会計）上は先入先出法を妥当と判断する企業が，税法上は後入先出法を用いて節税を図ろうとする傾向も生じ，企業会計の側から後入先出法が「公正な会計慣行」として税法に要求され税法が公正な会計慣行として認めたという経緯などは忘れられてくる。ちなみに，そのような場合に，企業会計ではそれと別の処理が妥当ということになると，企業会計はその税務処理に対し当初の"視座"を「恩恵的な処理」に変えてしまっている点で説得性を欠く。

　この点で，証券取引法を企業会計原則の「国家法規範化」[13]と考えてみると，証取法会計は確かに，従来は商法会計や税法会計に対して補完的・補充的な役割（→企業利益の算定における「指導的」な役割）を果たしてきたと考えられるが，しかし，同法が今後いわゆる「情報会計」として展開し，その「情報」が時価情報に絞られてしまうとすると，企業において実際に機能している実体（資本）や経営の実態から遊離した展開も考えられる点で，商法や税法に対するこれまでのような補完的・補充的な役割を期待するわけにはいかなくなってくるように思われる。というのは，情報会計においては，本質よりは現象を主要な対象とする議論が多くなってきているため，総じて現象を実態（→実体）と同じ次元に解消する傾向もあるように思われるからである。

　ちなみに，原始証憑から始まる帳簿記録から遊離して展開する時価会計には，未実現利益を認識してバブル経済を加速する因子も含まれてくる。したがって，バブルの計量化を阻止し未実現利益を除去する原価主義会計はむしろ重要さを増してきているとも考えられる。とすれば，わが国のいわゆる「トライアングル体制」の中心に「真実性の原則」を置き，「虚構性の除外」という指導理念を置くことがきわめて重要になってきているように思われるのである。

第2節　連結納税制度と企業会計

§1　連結納税制度の根拠

　連結納税制度は，親子会社の「経済的単一性に着目して課税関係を律する」[14]点では「企業集団を単一の組織体」とみなす連結財務諸表と同じ基盤に立っており，この点では，アメリカのように，該当する全子会社の加入が要請されるように思われる。任意加入制には恣意が介入し，例えばイギリスのグループ・リリーフのように「欠損控除権の売買」とも目される形で「租税回避に利用されやすい」面も拡大し，「行政庁，納税者の双方に抵抗感が生じる」[15]ことも予想されるからである。その点で，本節では，連結財務諸表との違いは前提にしつつも両者に共通する基盤に注目してみたい。けだし，連結財務諸表の母国アメリカの連結財務諸表の技術的な発展は「連結申告が所得税目的でどの程度に認められるかという点に大きく依存した」[16]とされているし，「分社」化のケースで考えれば親会社の投資が子会社の資本金となるので，理論上はその子会社の資本金と親会社の投資（子会社株式）の相殺消去は，連結納税制度でも考えられないことはないからである。ちなみに，「約30年間たたき上げの経理マン」として過ごされたとされるある著名な経済人は，「会計＝商法の連結決算書と法人税法の税務申告書とは全く別のもの」とはされながらも，「真の連結決算にするためには可及的速やかに連結納税にするべきである」として「商法，証券取引法，法人税法の経理三法に基づく連結決算の大切さ」を訴え，「経理三法の連結決算導入」を力説しておられる[17]。

　そこで，本節では，新規事業の展開に「子会社を設立して展開するか……社内に別の事業部を新設して展開するかの選択で租税負担が異なる」ことのないようにする「企業課税における水平的公平」[18]の維持を前提にして連結納税制度を考えてみよう。

§2　連結納税の在り方とその対象

　連結納税では親子会社間の取引は内部取引とされ，内部取引損益は未実現として相殺消去される。ところが，単にそれだけではなく，税法独特の取扱である欠損の繰越控除や繰戻還付についても，連結ベースでそのまま利用しようとする企業も出てくる。そこで，アメリカ税法は，個別申告制限年度規定を設け，株式を買収して連結グループに加入させても，その子会社の個別申告年度に生じた欠損は連結課税所得に対するその子会社の貢献分からしか控除できないようにするなど，欠損会社を子会社にしてその欠損の繰越控除や繰戻しを狙った租税回避に備える緻密な規定も設けている[19]。ところが，わが国の連結納税制度の導入では，まず連結納税にすると，①「繰り越された欠損金のほか，企業グループ内の他の会社の欠損金を活用でき」且つ②「親子会社間の取引が内部化され，未実現のものとして扱われる」ため，「単独納税に比べ，課税所得が減少し，法人税額が減少する」という面が注目され，そこでは，連結納税による減税額を，「フランスにおいては190億フラン（法人税収の約12％，94度）と公表されている」とし，イギリスでは「グループ控除額（グループ企業間で移転された損失額）の総計は210億ポンド（95年度）」で，これにその法人税率31％を乗じると約65億ポンド（同年度の法人税収約236億ポンドの約22％）になることなどが注目されている[20]。

　しかし，連結納税制度の原点は，1917年にアメリカで第一次世界大戦の戦費調達で導入された超過利潤税の累進税率を，子会社を作って所得を分割し負担軽減を狙う租税回避行為の防止というところにあって，その理念は，「経済的に一体の事業体が単一法人・集団法人の何れで活動しても租税負担は同一とする水平的公平の維持」[21]という点にあった。

　一方，ドイツ株式法第302条は「利益拠出契約が存在するときは，契約存続中に積み立てられた任意準備金で補償されない限り，支配会社（親会社）は，契約の存続中，被支配会社の年度欠損額を補償しなければならない」とする損

失引受の規定を設け，ドイツ法人税法第14条は，その利益拠出契約によって国内の株式会社が利益の全部を他の国内の営利企業に拠出する義務を負いその契約が5年以上で且つ履行されているとき，機関会社（子会社）の総所得金額は，過半数の株式所有やその子会社が非独立の一事業部門として親会社の営業活動を促進または補完していること等を要件に，機関主体（親会社）に帰属するとしている[22]。

したがって，連結納税制度ではまず租税回避に備える「水平的公平」の維持が前提になりそれには該当する子会社全部の加入が必要になると思われるし，もしその加入が任意であれば，ドイツ株式法のような，「支配」あるところに「責任」も規定する会社法の改正も必要になると思われる。

§3　連結納税と連結財務諸表

連結納税は法人一般に適用され，合算・振替えされるのは子会社損益の全額であって親会社の持株割合には拠らず，また外国子会社は除外する点等で，連結財務諸表とは著しく異なる。しかし，親子会社を経済的単一体とみなす点では，連結納税にも，子会社の資本金を親会社の出資（投資）と相殺消去する連結財務諸表の「資本連結」と共通する基盤も存在する。ちなみに，「資本連結」とは，例えば他法人の株式を60％取得して子会社にした場合，その子会社の純資産の60％を親会社持分として投資額（子会社株式の取得価額）と相殺し残余（40％）を親会社以外の株主（＝少数株主）の持分（これを少数株主持分という。）とし，子会社株式の取得価額が親会社持分と少数株主持分を超える分を連結調整勘定（のれん）として資産に計上する処理を指す。この場合，子会社株式の取得価額には投機的要素も多いが子会社の財産の時価もある程度は反映するので，その再評価差額は，子会社の資本金や未処分利益等とともに親会社の持分だけ親会社の投資と相殺され，残余は少数株主持分となり（→少数株主持分では「資本と利益の区別」は消滅する），ここに子会社の資本金は全く「消滅」する。

そこで,いま,株式買収による子会社ではなく,ある事業部を時価で現物出資し「分社」とした場合の子会社を取り上げ,その子会社株式を圧縮記帳した状態で連結財務諸表を作成した場合,その圧縮額は貸方に連結調整勘定として出てくる。ちなみに,現物出資が簿価でなされても,連結財務諸表原則は時価による再評価を要請しその評価差額を「資本とする」(第四・2(2))としているので同じことになる。こうして,資本を連結すると,親会社がせっかく圧縮記帳して損金とすることができた出資資産の「譲渡益」が再び出現しこれが「資本」とされることになるが,その機能資本の総てが自己資本だけで賄われているとするわけにいかないとすれば,このような評価益の「資本」化は,資本と利益の区分という会計理論の本質に抵触する問題にも直面せざるを得なくなってくる。

ちなみに,国際会計基準も,固定資産の評価替による増加額(評価替剰余金)は資産の廃棄時もしくは処分時の「実現」を待って利益剰余金へ振り替えるとしており[23],連結財務諸表上,如何に子会社の財産を再評価してそこでの「資本と利益の区分」は払拭してみても,評価替剰余金が利益剰余金であるという本質は否定できない。それは,例えば借入金で調達した土地を値上がり直後に売却し,借入金返済後に残る譲渡益を資本剰余金と考えるわけにはいかないからである。ちなみに,土地の評価差額(「利益剰余金」)にまでも「税効果会計」を導入しその一部を「繰延税金債務」と処理するとなると,土地は事業の用に供されている限りは非課税と考えられる点で,じつに奇妙な「債務」と言うことになってくる。

ところで,税法は,再評価剰余金を利益剰余金と考え「損金経理」(＝確定した決算における圧縮損の計上)を前提に圧縮記帳によってその評価差額を「未実現」の状態におく。一方,連結財務諸表は投資情報としてその「未実現」分の開示を要請するが,このような要請は親会社の「含み益」に対してもあり,唯それへの対応は特に非貨幣性資産で難しく,そのディスクロージャーは会計帳簿から遊離する。そこで,連結財務諸表は会計帳簿の記録には依らずに連結精算表という1枚のペーパーで作成され,それは投資情報という面で個

別財務諸表を補完する補助資料に過ぎなくなってくる。したがって，そのような「連結情報」を「(配当・課税等の) 分配可能利益算定目的にも同時に適合する情報たりうる」[24] とすることには，配当や課税がそもそも会計帳簿上の「資本と利益の区別」を前提にしていることから，少なくとも現行制度では無理が多い。

ところで，連結財務諸表による情報は会計帳簿から遊離して展開するので連結納税制度との違いは大きく，両者の違いは外国法人を除外する点でも際立ってくる。しかし，この点の違いは国家の課税主権にも由来しているので，ここでは，連結納税と連結財務諸表の構造的な差違として，少数株主持分損益が連結所得に算入されるために子会社の繰越欠損金がその子会社に繰り越される前に連結所得から控除され，「集団損益分配に支配権を持たない少数株主に不利益をもたらす恐れがある」[25] という問題を取り上げてみよう。例えば，「第1期の親会社（P）所得100，子会社（S）欠損100，第2期のP所得100，S所得100」とすると，個別申告の場合には「Pの第1期所得100，第2期所得100，Sの第1期所得0，第2期所得0（繰越欠損控除）」となるので子会社には全く税負担がないが，連結申告では，「第1期連結申告0（PもSも税負担0），第2期連結申告200（PもSも所得100）」で子会社の所得分100にも課税されることになり，親会社の株主総会に発言権のない少数株主の権利は，法的な保証がなければ損なわれる事態も出てくるからである。この場合，現行法上この難点を回避しようとすれば親会社の持株比率を100％にしなければならず，もし少数株主の存在を前提にするのであれば会社法の改正が必要になってくる。

ところで，この場合の少数株主の保護は，株式会社が前提にしている有限責任制度に重大な変容を要請するように思われる。けだし，親会社には包括的な指揮権がありそれによって連結納税による節税のメリットも享受するのであれば，子会社の債務にもそれ相応の「責任」も負わなければならないであろうからである。しかし，この点で，わが国には，ドイツ株式法のように，コンツェルンの支配会社の包括的な指揮権が少数株主や債権者の犠牲において行われないようにする「明文の規定」はなく，親会社の指揮の責任はあまり問われない

ようになっている[26]。とはいえ，わが国にも，子会社の解散によって解雇された従業員11名が親会社に賃金の仮払いを求めた仙台工作事件（昭和45年3月26日判決）では，「『支配あるところに責任あり』の法原則に則って親会社に子会社の賃金債務の仮支払」が命じられている[27]。とすれば，親会社の子会社に対する責任には，少数株主の有限責任とはかなり異なるものがあるように思われるのである。

§4 連結会計による要請と連結納税による要請

連結会計では，欠損に見舞われるような子会社は切り放される傾向が強まる。けだし，収益性の低い子会社を仮に意図的に連結対象から外したりすれば粉飾の疑いをかけられ，格付け機関に格付けを切り下げられて株価も下落し資金の調達に困難を来たす状況も考えられるからである。これに対し，連結納税では，子会社の欠損金を親会社の利益と通算して節税を図ることが主要な根拠になっており，その根拠の違いは，連結会計にも重要な問題を提起しているように思われる。

すなわち，「連結決算時代ではいかに企業グループ全体の収益性を高めるかが重要となる」ため，「経営戦略として効率性を重視し，収益性の高い事業や子会社を選択して経営資源を集中投資するとともに，不採算事業などをグループから切り放していくことがブームとなりつつあ（って）……，M&Aや事業譲渡という手法が積極的に使われるようになってき」ているし[28]，総合商社各社においては，すでに会計制度変更の先手を打って「低収益事業や収益好転が見込みにくい子会社・関連会社は整理・撤退」中であるという[29]。とすれば，そこでは，政府・税調が連結納税制度の導入にあたって示した「企業グループ内の他の会社の欠損金を活用できる」（前出）とした点などは二義的な意味しか持たなくなるはずで，そうであれば，経済的に一体である親子会社が「一体」として発展できるような視角から連結納税制度も考えられてよく，そこでは連結財務諸表で連結される借入金の連結には法的な「責任」の連結も要

請されざるを得ず，株式会社制度の根幹にある株主有限責任の在り方も問題になってくる。

したがって，連結納税という問題にはじつは，親会社の側からの「切り放す」という視点と，子会社の側からの親子会社の経済的一体性を補強しグループとしての発展を求める「切り放されまい」とする視点との拮抗関係も潜んでいるのであって，これは，親会社が有限責任の利益のみを享受し子会社の債権者や少数株主を切り捨てない「『支配あるところに責任あり』の法原則」（前掲「仙台工作事件」判決上の表現。）の貫徹からも考えてよい問題を提起しているのである。

§5　企業会計原則と商法・税法

親子会社を「単一の組織体」とみなす連結財務諸表原則の視点からは，いわゆる無利息貸付まで法人税法第22条第2項にいう「無償による役務の提供にあたる」（大阪高裁昭和53年3月30日判決）とした判例[30]などはその根拠を失う。親子会社間の融資は，組織内の資金移動に過ぎなくなるからである。ところが，親会社には，連結する子会社の借入金を保証する義務は必ずしもないため，保証契約がない限り監督や経営指導の責任はあまり問われない。しかし，借入金を連結してもその返済の「法的責任はない」となると，少なくともいわゆる「親会社説」を踏襲している連結財務諸表原則の場合，親会社の株主には「返済の義務のない借入金」の「連結」ということになり，「連結」する説得性も乏しくなってくる。この点で，日本公認会計士協会は，子会社の信用力を高める保証予約（→子会社の財政状態が悪化した場合等に自動的に保証契約が発効する契約等のこと。）や経営指導に関する念書等の事実上の保証行為（保証類似行為）も債務保証に含めるとしてその開示基準を強化し[31]，1999年3月期決算の全国上場企業1,779社の債務保証総額は1年前より約12兆円増加したという[32]。単一の組織体であれば監督や経営指導に対する責任は保証契約がなくても無視できないであろうから，この方向は妥当である。

したがって，負債の連結における連結財務諸表（証券取引法会計）の会社法（商法会計）に対する関係は，「企業会計原則（証取法会計）が商法会計（特に公正な会計慣行）を支える不可欠な存在となっており，今後もその制度的な役割を果たして行く必要性が大きい」[33] ことを示す重要な一環と考えられ，税法にも影響を与え得る。例えば，親子会社の経済的一体性という点から主力企業を中心に関係会社でつくる「連合設立」の厚生年金基金（平成8年10月1日現在，672件で加入者380万人）[34] の子会社の従業員の分も含む年金費用の税法上の承認なども考えてみてみると，投資情報の提供だけには限定されない形の，企業会計上最も公正・妥当な処理を税務でも基準とする確定決算基準主義[35] には，「企業会計原則（とくに会計学）の側」における「税法会計に対する補充的・補完的役割」[36] も考えられるからである。とすれば，親子会社を「単一の組織体」とみなして成り立つ連結納税制度は，まさにその「補充的・補完的役割を充実」させる方向で検討されなければならないように思われるのである。

（注）

1） American Accounting Association, A Statement of Accounting Theory, 1966. 飯野利夫訳，アメリカ会計学会『基礎的会計理論』，2頁。
2） Soros, op. cit. (前掲第3章注84), p.115. 大原訳，183～184頁。
3） 新井清光『日本の企業会計制度』，中央経済社，1999年，50頁。
4） Mertens Law of Fed Income Tax, §16.80, Chap. 16, p.210 (Copyright 1988, Callaghan & Company, Pub. 6／88). 拙著『会計原則と確定決算基準主義』，森山書店，1996年，111頁。151頁も参照。
5） 大蔵省企業会計審議会「税法と企業会計との調整に関する意見書」（昭和41年10月17日），総論・一(1)。
6） 拙稿「確定決算主義の見直し」『税経通信』，1996, Vol.51 No. 4（1996年4月号），60頁。
7） 太田哲三『[新稿] 会計学』（補訂版），千倉書房，昭和44年，12頁。
8） 新井清光・前掲3）『日本の企業会計制度』，236頁。
9） 井尻雄士「アメリカのファイナンシャル・レポーティング」『企業会計』，1999年9月号，12～13頁。
10） 井尻雄士「アメリカ会計の変遷と展望」『会計』，1998年1月号，124頁。
11） 森田哲弥「企業会計における時価基準」『産業経営研究』第19号，1997年，9頁。
12） 染谷恭次郎訳『コーラー・会計学辞典』，丸善，163頁。

13) 前掲3) 新井『日本の企業会計制度』, 51頁。
14) 井上久弥「企業集団税制の基礎理論」『会計』, 1997年12月号, 106頁。
15) 井上久弥『企業集団税制の研究』, 中央経済社, 1996年, 280頁。
16) Moonitz, Maurice, The Entity Theory of Consolidated Statements, 2nd ed., 1951, p.7. 白鳥庄之助訳『ムーニッツ・連結財務諸表論』, 同文舘, 18頁。
17) 金児 昭「グループ経営と連結決算」『企業会計』, 1997年10月臨時増刊号, 14頁。
18) 日本公認会計士協会「租税調査会研究報告第1号 (iv)」, 『ＪＩＣＰＡジャーナル』, 1999年1月号, 138頁。
19) Kramer, J., Pope, T. & Phillips, L., Prentice Hall's Federal Taxation 1997, pp.8-22〜8-29.
20) 政府税制調査会「平成11年度の税制改正に関する答申」(平成10年12月)「資料」, 5頁。拙稿「連結納税制度の導入をめぐる論議と諸問題」『税理』Vol.42 No.31 (1999年), 7頁。
21) 前掲14) 井上稿, 115頁。
22) 前掲20) 拙稿, 8〜10頁。
23) 国際会計基準第16号「有形固定資産」(1993年改訂), 第41項。
24) 『税経通信』, 1999年7月号, 3頁。
25) 前掲14) 井上稿, 109頁。
26) 河本一郎『現代会社法 (新訂・第6版)』, 532〜533頁参照。
27) 『判例時報』588号, 38〜39頁。
28) 加納孝彦「悪いイメージだった『精算』が, いまでは"リストラ"として評価される時代に」『エコノミスト』, 1999年7月5日号, 59頁。
29) 林 寛也「総合商社・連結対象子会社の黒字比率は改善傾向」『エコノミスト』, 1999年7月5日号, 102頁。
30) 日本税法学会編『シュトイエル』, 193号, 1978年4月, 1頁, 9頁。
31) 日本公認会計士協会監査委員会報告第61号「債務保証及び保証類似行為の会計処理及び表示に関する監査上の取扱い」, 平成11年2月22日, ＪＩＣＰＡジャーナル, Vol.11 No.4 (1999年4月), 109〜112頁。
32) 日本経済新聞, 平成11年6月7日付。
33) 前掲3) 新井『日本の企業会計制度』, 239頁。
34) 企業財務制度研究会『年金会計をめぐる論点』, 1997年7月, 468頁。
35) 拙著『確定決算基準会計』, 税務経理協会, 平成6年, はしがき(ⅰ)頁。
36) 前掲33) 新井, 同頁。

索　　引

【あ行】

圧縮記帳 …………………………60, 61, 112
後入先出法 …………………………35, 120, 128
後払給与 ……………………………………67
アメリカ・内国歳入法典第21章
　　連邦保険拠出法 ………………………65
アメリカの社会保障年金制度 ………………77
アメリカの代替率
　　(年金水準の国際比較) ………………79
洗替え低価法 ………………………………38
allowance …………………………………24
異常な仕損費 ………………………………41
委託販売 ……………………………………27
一律定額方式 ………………………………82
一括評価する債権 …………………………26
一般寄付金 …………………………………105
一般的な減価償却の方法 …………………46
移動平均法 …………………………………37
いわゆる逆基準性 …………………………120
インフレ ………………………79, 83, 85, 87
打歩発行 ……………………………………18
営業権 ………………………………………41
営業循環期間 ………………………………40
益　金 ………………………………………97
益金算入 ……………………………………97
エコマネー …………………………………87
エリサ(法) …………………………………86
ＯＡＳＤＩ税 ………………………………66
親会社説 ……………………………………135
親会社の指揮の責任 ………………………133
親子会社の補完関係 …………………………v
恩恵的な処理 ………………………………121

【か行】

開業準備のために特別に支出する費用 …16

会計学自体の発展 …………………………123
会計の対象 …………………………………117
外形標準課税 ………………………………107
解散時責任準備金 …………………………77
会社債権者保護 ……………………………15
回収可能価額 ……………………9, 53, 55, 56
開発費 ………………………………………17
外部副費 ……………………………………34
外部付随費用 ………………………………42
開放基金方式 ………………………………69
改　良 ………………………………………44
架空利益 …………………………………4, 35
確定給付型 …………………………………84
確定拠出型年金 ……………………………82
確定決算 ……………………………………99
確定決算基準主義 …………99, 119, 122, 135
確定決算主義 …………………………99, 122
確率的発生 …………………………………27
隠れ債務 ………………………………67, 75
火災保険 ……………………………………113
貸倒れ ………………………………………26
貸倒実績率 …………………………………26
貸倒引当金 …………………………………26
過剰設備の整理 ……………………………58
過疎や都市化 ………………………………87
合　併 ………………………………………42
加入年齢方式 ………………………………69
株価調整 ……………………………………83
株式投資信託等 ……………………………5
株式発行費 …………………………………15
株主有限責任 ………………………………125
空売り …………………………………56, 80
環境会計 ……………………………………86
環境保全効果 ………………………………86
関連会社株式 ………………………………59
機関会社(子会社) …………………………131

機関主体(親会社) ……………131	繰延税金債務(繰延税金)………12, 126
期間損益計算…………………23	繰延費用………………………20
期間損益計算の成立……………8	繰延法人税……………………126
企業会計の本質 ……………108, 122	クリン…………………………87
企業集団………………………64	グループ・リリーフ……………129
企業主体理論…………………11	グローバリズム…………………ii
企業年金危機…………………84	グローバル・エコノミー………ii
企業の再構築	グローバル・スタンダード……5
(リストラクチャリング)……3, 8	グローバル競争…………………5
基準性原則……………………100	グローバル金融市場……………iii
擬制価格………………………62	グローバル時代………………6, 65
擬制資産………………………23, 118	クロス取引……………………63
擬制資本………………………62, 125	経済財…………………………23
基礎年金………………………65	継続企業………………………23
機能資本………………………132	経理三法の連結決算……………129
寄付金…………………………105	ケインズ………………………ii
期末要支給額基準……………13, 28	欠損会社の整理…………………v
機密費…………………………106	欠損金…………………………134
逆基準性………………………119	欠損控除権の売買………………129
キャッシュ生成単位……………57	欠損の繰越控除・繰戻還付……130
キャッシュフロー………………57	原価主義………………………4, 124
キャピタル・ゲイン……………60	減価償却会計……………………40
9号繰延資産……………………21	減価償却概念……………………8
給付責任………………………70	減価償却資産……………………40
給与税…………………………66	減価償却の3要素………………44
給与総額基準…………………29	減価償却の否定…………………52
給与比例方式…………………82	原価率…………………………37
給　料…………………………104	研究開発費………………………9
虚構性の除外…………………128	現金主義………………………106
虚の経済………………………81	現金同等物……………………15, 95
切放し低価法…………………38	現実資本………………………56
記録と報告の分離……………123	建設利息………………………19
金融危機………………………65	源泉課税………………………72
金融経済の過剰………………80	源泉課税的方式…………………74
金融商品市場のボラティリィティ……73	権利金…………………………21
偶発債務………………………11, 27	高価買入資産……………………41
偶発事象………………………26	交　換…………………………43
繰延経理………………………10	交換差益………………………111
繰延資産(繰延勘定)…………7, 14, 22	交換に損益なし………………43, 112

索　引　141

工業所有権……………………41
鉱業用減価償却資産……………48
工具等…………………………33
交際費等………………………106
公債への依存度………………85
工事完成基準…………………123
公正価値………………………43
公正処理基準………………118, 121
厚生年金………………………65, 75
厚生年金基金…………………12, 66
　　総合型……………………71
　　単独型……………………71
　　連合型……………………71
　　プラスアルファー部分……13, 70
　　本来の企業年金……………13, 67
厚生年金基金制度研究会………70
厚生年金基金の解散……………85
厚生年金の収支見通し…………68, 69
厚生年金の積立度合……………71
構築物……………………………41
公的年金…………………………65
公的年金制度の一元化…………72
公的年金の代替率………………71
坑　道……………………………45
効用持続年数……………………46
コール・オプション……………62
子会社株式………………………59
子会社の繰越欠損金……………133
子会社の欠損金…………………v
枯渇資産…………………………57
50％取替法………………………49
国庫補助金………………………113
固定資産の概念…………………8
個別申告制限年度規定…………130
個別評価する債権………………26
個別評価の原則…………………57
個別法……………………………35

【さ行】

債権者保護……………………118, 119
財産対象物………………………23
財産法（資産負債アプローチ）……ii, 8, 15
最終仕入原価法…………………37
最低拠出基準……………………86
最低責任準備金…………………69
最低積立基準額…………………70
再評価剰余金……………………132
債　務……………………………3
債務確定主義……………………104, 106, 119
財務諸表単一性の原則…………95
財務諸表の比較可能性の確保……i
債務の確定しないもの…………98
差益率……………………………38
先入先出法………………………35
産業競争力会議…………………iv
30年型大恐慌……………………80
残存価額…………………………45
３倍定率法………………………46
時価以下主義……………………25
時価会計…………………………43, 59, 128
仕掛品……………………………33
時価主義…………………………4, 123
時価償却…………………………ii, 57, 114
時価情報…………………………117, 119
事業への関連……………………107
試験研究のために特別に支出する費用…16
自己開発ののれん………………125
自己資本利子……………………102
支出の効果が及ぶ期間…………21
市場利率…………………………56
施設利用権………………………41
失業保険…………………………80
実現主義…………………………7
実体資本の維持…………………49
シニアエキスパート制度………85
支配あるところに責任あり……134

支払利息 …………………………41
資本維持原則 ……………………15
資本金の維持 ……………………15
資本充実の原則 …………118,119
資本直入 ………………………61,62
資本的支出 ……………………9,44
資本と利益の区別 ………………v
資本の空洞化 ……………………64
資本の循環過程 ………………124
資本連結 ………………………131
社会性 ……………………………67
社会保険税 ………………………66
社会保障税 ………………………66
社会保障制度 ……………………66
社債差額 …………………………18
社債の割引現在価値 …………125
社債発行差金(社債発行割引料)…18
社債発行費用 ……………………18
収　益 ……………………………7
収益的支出 ……………………44,48
修正積立方式 …………………65,76
修正賦課方式 ……………………77
修繕費 ……………………………49
修繕引当金 ……………………8,24
受給権保護 ………………………76
出　資 ……………………………42
出資持分 …………………………96
使用価値 …………………………55
償却可能限度額 …………………45
償却原価法 ………………………59
償却限度額 ………………………44
償却超過額 ………………………44
償却不足額 ………………………44
償却率の日米独の比較 …………46
償却率表(年率) …………………45
少子・高齢化論 …………………87
少数株主 ………………………131
少数株主の権利 ………………133
少数株主持分 …………125,131

使用人兼務役員 ………………103
冗　費 …………………………106
情報会計 ………………………122
正味売却価額 ……………………55
賞　与 …………………………103
剰余金積立型の賦課方式 ………74
賞与引当金 ………………………28
将来の期間に影響する特定の費用… 7
除却費引当金 ……………………54
所得税収の対国内総生産比率……72
所得創出単位 ……………………58
真実性の原則 …………………128
真実性の追求 …………………122
清算所得 …………………………96
生産高比例法 ……………………48
製品保証等引当金 ………………30
税法会計に対する補充的・補完的役割…123
税務会計の充実 ………………123
世界の年金基金 …………………78
積送品 ……………………………34
責任準備金 ………………………67
責任の連結 …………………4,134
仙台工作事件 …………………134
総益金 ……………………………98
創業費 ……………………………15
総合償却 …………………………57
総合保険料方式 …………………69
総損金 ……………………………98
総平均法 …………………………37
創立総会費 ………………………15
創立費 ………………………15,16
租税回避 ………………………131
その他の資本剰余金 …………112
そのつど後入先出法 ……………36
ソフトウエアの開発費用 ………22
ソロス(ジョージ・ソロス) …80,86,117
損益法(費用収益アプローチ)…… i , ii ,15
損　金 ……………………………98
損金経理 ……………………99,119

索　引　143

損金算入 …………………………97	定額方式 …………………………82
損金不算入 ………………………97	低価法 …………………………38, 63
損失引受 …………………………130	定款・目論見書の作成費用 ………15
損傷 ………………………………52	定率法 ……………………………47
【た行】	適格退職年金 ……………………75
	デリバティブ(金融派生商品)…59, 81, 95
代　行 …………………6, 12, 66, 68	ドイツ株式法第302条 ……………130
代行給付 ………………………66, 67	投機 ………………………………62
代行制度 ………………………65, 68	投機資金の源泉 …………………78
代行の本体への返上 ……………73	投機に伴う危険性 ………………72
代行部分の給付水準 ……………67	投資その他の資産 ………………14
退職一時金 ………………………82	投資の継続性と同一性 …………112
退職給付債務 …………………iii, 13	投資の市場収益率 ………………56
退職給付見込額 …………………83	同族会社 …………………………108
退職給与引当金 …………………28	同族会社の行為または計算の否認 …109
退職金の年金化 …………………82	同族関係者 ………………………108
退職年金業務 ……………………96	特定益金増進法人 ………………106
退職年金等積立金に対する法人税 …96	特定出資 …………………………60
代替処理 …………………………53	特定の現物出資 …………………60
代替率(在職中の所得の代替率) …iv, 78	特別修繕引当金 ………………24, 30
耐用年数 …………………………52	特別償却 …………………………5
代理人会計機能 …………………4	特許権 ……………………………41
立退料 ……………………………20	富の移転 …………………………iii
建　物 ……………………………41	トライアングル体制 ……………118
棚　卸 ……………………………33	取替資産 …………………………49
棚卸資産 …………………………33	取替法 ……………………………48
単一性の原則 ……………………i	取立不能見込額 …………………27
単式簿記 …………………………123	【な行】
単純平均法 ………………………37	
地域通貨 …………………………87	内部創出無形資産 ………………9
小さな政府 ………………………86	内部副費 …………………………34
超過利潤税の累進税率 …………130	内部付随費用 ……………………42
長期前払費用 …………………9, 23	ナショナル・エコノミー(一国経済) ……ii
賃金再評価 ………………………66	2倍定率法 ………………………45
月別後入先出法 …………………36	日本版401k …………………75, 82, 86
積立金 …………………………11, 102	人間労働 …………………………ii
積立不足基金 ……………………77	年金額の決め方 …………………82
積立方式 …………………………74	年金水準の国際比較 ……………78
定額法 ……………………………46	能率価値 …………………………9, 52

ノーハウ……………………………20

【は行】

売価還元法…………………………37
売却価格………………………………9
売却価値……………………………52
売却可能価格…………………………9
配当可能利益………………………14
配当制限規定………………………121
配当制限条項………………………15
発　生………………………………83
発生主義………………5, 13, 31, 99
発生主義会計………………8, 13, 27
バブル経済…………………………128
半製品………………………………33
引当金…………………………10, 24
非継続基準………………………69, 77
非原価項目…………………………41
非減価償却資産……………………40
費消価値……………………………36
非同族の同族会社…………………108
秘密積立金………………………4, 25
150％定率法…………………………45
費　用…………………………3, 7, 38
評価益の資本化……………………132
評価替剰余金………………………132
評価減………………………………39
評価性の引当金……………………28
評価損………………………………39
費用収益対応の原則…………………3
費用収益の対応………………………7
標準処理……………………………53
費用と利益処分の判別……………101
ビルトイン・スタビライザー
　（自動安定化装置）…………107
賦課方式…………………72, 74, 79
複会計制度…………………………44
福祉医療制度………………………80
福祉社会の解体……………………86

副　費………………………………34
負債の発生……………………………iii
負債の連結…………………………135
付随費用……………………………34
負担金………………………………21
物価スライド………………………66
プット・オプション………………62
不当に高い価額による資産の購入……110
不当に低い譲渡……………………110
負の帳簿価額………………………53
部分価値……………………………27
プラスアルファー部分…………13, 70
不良債権の肩代わり………………110
不良債権の償却……………………58
provision………………………12, 24
分社化………………………………60
分配可能利益…………………………4
平準化準備金………………………126
payroll tax…………………………66
ヘッジファンド…………………iii, 81
別段の定め………………………97, 98
変態現物出資………………………61
返品調整引当金……………………27
包括資本……………………………125
報告会計としての任務……………100
報　酬………………………………104
報酬比例年金………………………65
法人税………………………………101
法定準備金…………………………15
法定耐用年数………………………46
法的な債務…………………………24
防貧(→国家責任による生活保障)………71
簿記の定則…………………………101
保険差益……………………………113
保険性………………………………67
保険料………………………………66
保守主義……………………………119
保証契約……………………………135
保証予約……………………………135

保証類似行為 …………………………135
補助的貸借対照表項目……………23
ホットマネー…………………………81
本体(厚生年金の本体)……………ⅳ,66,68
ほんらいの逆基準性………………120
ほんらいの付加価値………………64

【ま行】

前払法人税……………………………126
満期保有目的の債券………………59
未着品……………………………………34
みなし債務…………………………10,84
未払寄付金……………………………106
無形資産………………………………9
無償による資産の譲渡………………100
免除保険料……………………………66
持合株式……………………………61,63
持合株の解消…………………………63
持　分……………………………………ⅴ

【や行】

役　員……………………………………103
役員賞与………………………………101
山一證券社員の例……………………76
有期年金…………………………………82
遊休状態…………………………………52
有効需要……………………………ⅱ,5,6

有姿除却…………………………………54
優先株……………………………………11
有用性……………………………………58
予定利率…………………………………70

【ら行】

利益拠出契約(ドイツ株式法)…………130
利益剰余金……………………………132
利益処分の費用化……………………108
利益積立金……………………………96
利益積立金額…………………………104
リストラクチャリング……………3,10
リストラクチャリング引当金………10
Rückstellung……………………………24
臨時巨額の損失………………………8
累積限度額基準………………………29
連結財務諸表…………………………133
連結精算表……………………………132
連結調整勘定…………………………131
労働用役の費消………………………13
労働力需要ミス・マッチ論……………6
老齢遺族障害保険……………………66
6月ごと後入先出法……………………36

【わ行】

割増退職金(割増解雇費用)…………3,8

＜著者紹介＞

浦野　晴夫（うらの・はるお）

略歴　1932年（昭和7年），栃木県に生まれる。
　　　1955年（昭和30年）東北大学経済学部卒業。
　　　東北大学大学院経済学研究科博士課程満期退学。博士（経営学・立命館大学）
　　　岩手県立盛岡短期大学助教授，立命館大学経営学部教授を経て，現在，中京大学経営学部教授。
　　　税務会計研究学会理事。

著書　『アメリカ減価償却論──税法上の総合償却の会計学考察』（平成元年・日税研究奨励賞），中央経済社（昭和63年）
　　　『企業会計要論──企業会計原則と商法・税法の総合的検討（第2版）』，中央経済社（平成4年）
　　　『税務会計入門』，文理閣（平成5年）
　　　『確定決算基準会計──日・米・独の確定決算基準主義と国際会計基準の新たな視点』（第4回租税資料館賞），税務経理協会（平成6年）
　　　『会計原則と確定決算基準主義──減価償却・国際会計基準・棚卸資産評価・逆基準性』，森山書店（平成8年）

著者との契約により検印省略

平成12年6月15日　　初版発行

会 計 基 準 論
──確定決算基準主義と国際会計基準の要請──

　　著　　者　　浦　野　晴　夫
　　発　行　者　　大　坪　嘉　春
　　印　刷　所　　税経印刷株式会社
　　製　本　所　　三　森　製　本　所

発　行　所　東京都新宿区下落合2丁目5番13号　株式会社　税務経理協会
郵便番号 161-0033　振替 00190-2-187408　電話（03）3953-3301（編集部）
FAX（03）3565-3391　　　　　　　　　　　　（03）3953-3325（営業部）
URL http://www.zeikei.co.jp/
乱丁・落丁の場合はお取替えいたします。

©　浦野晴夫　2000　　　　　　　　Printed in Japan

本書の内容の一部又は全部を無断で複写複製（コピー）することは，法律で認められた場合を除き，著者及び出版社の権利侵害となりますので，コピーの必要がある場合は，予め当社あて許諾を求めて下さい。

ISBN4-419-03309-6　C1063